Milena Valeva | Kathrin Nitschmann [Hrsg.]

Soziokulturelle Nachhaltigkeit in der Peripherie

Ein Beitrag zur Regionalentwicklung in der Nationalparkregion Hunsrück-Hochwald unter Berücksichtigung der rechtlichen Rahmenbedingungen

Nomos

Edition Rainer Hampp

Onlineversion
Nomos eLibrary

Die Deutsche Nationalbibliothek verzeichnet diese Publikation in der Deutschen Nationalbibliografie; detaillierte bibliografische Daten sind im Internet über http://dnb.d-nb.de abrufbar.

ISBN 978-3-98542-046-9 (Print)

ISBN 978-3-95710-421-2 (ePDF)

Edition Rainer Hampp in der Nomos Verlagsgesellschaft

1. Auflage 2023

Vorwort

Diese Publikation dokumentiert in einem ersten Teil zentrale Ergebnisse des angewandten Forschungsprojekts „Soziokulturelle Nachhaltigkeit und ihre rechtlichen Rahmenbedingungen: Fokus Peripherie (SoNaR-P)". In einem zweiten Teil wird die Perspektive der nachhaltigen Regionalentwicklung durch Impulse aus Recht, Gesellschaft und Kultur angereichert. Das Projekt bezog sich räumlich auf den Umwelt-Campus Birkenfeld und die Nationalparkregion Hunsrück-Hochwald (NLP HH). Insgesamt 15 regionale Organisationen aus allen den öffentlichen und gemeinnützlichen Sektoren fungierten als Praxispartner und lieferten Informationen, welche die Durchführung des Projekts ermöglichten. Konkret widmet sich der erste Beitrag einem Vergleich der soziokulturellen Nachhaltigkeitsprofile und der Vernetzungsintensität der drei Sektoren in der Region. Sektorübergreifend wird über Bedarf an gemeinsamer nationalparkzentrierter Identität geschlussfolgert. Abschließend werden die Konturen eines Prototyps der soziokulturellen Nachhaltigkeitsentwicklung von peripheren Räumen am Beispiel der NLP-HH-Region gezeichnet. In drei Beiträgen von Vertreter:innen regionaler Partnerorganisationen – Nationalparkamt Hunsrück-Hochwald, Verbandsgemeindeverwaltung Birkenfeld, Regionalentwicklung Hunsrück-Hochwald e.V. – wird die Rolle der jeweiligen Organisation bei der nachhaltigen Regionalentwicklung in der Nationalparkregion Hunsrück-Hochwald reflektiert.

In dem zweiten Teil des Buches liegt der Fokus auf dem Potenzial von soziokulturell nachhaltigen Entscheidungen des öffentlichen Sektors bei hinreichender Bürgerbeteiligung. Aus rechtlicher Perspektive werden Möglichkeiten und Grenzen des formellen Verfahrens der Bauleitplanung mit dem Schwerpunkt auf der Öffentlichkeitsbeteiligung skizziert, welches herausgefordert ist, materiellrechtlich sämtliche Belange der Nachhaltigkeit bestmöglich zu realisieren. Der darauf folgende Beitrag widmet sich aus soziologischer Perspektive der Bedeutung einer beteiligungsförderlichen Verwaltungskultur für die Aktivierung der Zivilgesellschaft als Basis für nachhaltige Entscheidungsfindung auf örtlicher Ebene. Im Anschluss daran wird basierend auf Interviews eine praxisorientierte Bestandsaufnahme betreffend die Wahrnehmung der Nachhaltigkeit als örtliche Angelegenheit in der betreffenden Region skizziert.

Der abschließende Beitrag führt über die regionalen Grenzen hinaus. Es wird die Bedeutung von Kunst und Kulturpraxis als Impulssetzer für nachhaltige Regionalentwicklung in peripheren Räumen im Vergleich zu einem Land aus der südlichen Hemisphäre – Südafrika – darlegt.

Das betreffende Forschungsprojekt – Soziokulturelle Nachhaltigkeit und ihre rechtlichen Rahmenbedingungen: Fokus Peripherie (SoNaR-P) – wurde von Prof. Dr. Milena Valeva und Prof. Dr. Kathrin Nitschmann (Umwelt-Campus Birkenfeld, Hochschule Trier) geleitet. Als Praxispartner fungierten Organisationen aus der Nationalparkregion Hunsrück-Hochwald. Das Forschungsprojekt SoNaR-P wurde von der Hochschule Trier als hochschuleigene Forschung (Strategiefonds 2021, Förderlinie 1) gefördert und umfasste einen Zeitrahmen von sechs Monaten (01.09.2021 – 28.02.2022). Unser besonderer Dank gilt den Praxisvertreter:innen, die die Erhebung der Daten möglich gemacht haben. Gleichsam dankbar sind die Herausgeberinnen für die technische und redaktionelle Unterstützung, welche Mareike-Selina Betke und Andreas Stumm einbrachten.

Die Herausgeberinnen
im März 2023

Inhaltsverzeichnis

Teil 1

Milena Valeva, Mariam El-Haj, Dominik Eßer, Kristin Hönighausen, Judith Schanz, Kathrin Nitschmann

Soziokulturelle Nachhaltigkeit und Regionalentwicklung in der Peripherie. Der Fall Nationalparkregion Hunsrück-Hochwald

1. Einleitung

Dieser Beitrag geht im ersten inhaltlichen Kapitel auf die allgemeine Bedeutung von Nationalparks ein. Dabei wird aufgezeigt, wie Nationalparks einen Beitrag zu einer positiven Regionalentwicklung leisten können. Danach wird der für das betreffende Forschungsprojekt relevante Nationalpark Hunsrück-Hochwald (NLP HH) vorgestellt, gefolgt von einem Überblick über die Zielsetzungen des Forschungsprojekts „Sozio-kulturelle Nachhaltigkeit und ihre rechtlichen Rahmenbedingungen. Fokus Peripherie" (SoNaR-P). Im darauf folgenden Kapitel erfolgt eine Betrachtung der theoretischen Voraussetzungen zur Durchführung dieses Projekts. Zentrale Begriffe und deren Zusammenhänge werden dabei konkretisiert. Nach einer methodischen Positionierung wird auf die Durchführung und die Auswertung der aus qualitativen Expertenbefragungen gewonnenen primären Daten eingegangen. Die Ergebnisse dieser Befragung werden diskutiert. Anschließend werden erste Handlungsempfehlungen abgeleitet.

1.1. Das Phänomen Nationalpark

Nur den kläglichen Rest von etwa 3 % der Landfläche hat der Mensch in seinem ungezügelten Streben nach Wachstum und Ausbreitung unberührt gelassen. Die Wildnis in ihrer ursprünglichen Form zu erleben, unberührte Natur zu genießen, ist eine Seltenheit geworden. Überall dort, wo sich der Mensch im Laufe seiner Entwicklungsgeschichte niederließ, nahm er Einfluss auf seine Umgebung und veränderte die Natur nach seinen Vorstellungen und Bedürfnissen[1] – sei es für landwirtschaftliche Zwecke oder zur Gewinnung von Bodenschätzen.[2] Es gibt viele Beispiele in der

1 Vgl. Bolten (2021): Nur drei Prozent der Landfläche sind unberührt.

2 Vgl. Schulz (2019): Abholzung der Wälder – Gründe, Folgen & Lösungen.

Menschheitsgeschichte, bei denen das Verhältnis zwischen Menschen und Natur kippte. Das Bewusstsein, seine Umwelt zu bewahren und sich für den Umweltschutz einzusetzen, anstatt sich die Erde untertan zu machen, entwickelte sich in Deutschland erst ab den 1970er-Jahren.[3] So verdeutlichte der ehemalige Bundespräsident Richard von Weizäcker:

> *„Der Mensch braucht die Natur, die Natur den Menschen nicht. (...)"*[4]

Nationalsparks übernehmen jedoch nicht nur die Rolle eines Refugiums für Flora und Fauna, sie üben gleichzeitig in erheblichem Maße Einfluss auf die gesamte regionale Entwicklung des ihnen umgrenzenden Landes aus und setzen Anreize für die Entwicklung des regionalen Tourismus. Dadurch soll nicht nur die Wirtschaft angekurbelt, sondern auch kulturelle Einrichtungen in den meist peripheren Regionen aufgebaut oder unterstützt werden.[5] Infolgedessen kann sich nicht nur die regionale Infrastruktur und allgemeine Wirtschaftslage der Nationalparkregionen positiv verändern, sondern es kann auch ein nachhaltiger soziokultureller Zusammenhalt geschaffen und eine eigene Nationalparkidentität für die Bevölkerungen entwickelt werden.[6]

1.2. Der Nationalpark Hunsrück-Hochwald

Der Nationalpark Hunsrück-Hochwald (NLP H-H) ist Deutschlands jüngster Nationalpark. Er wurde im Jahre 2015 gegründet und erstreckt sich sowohl über Teile von Rheinland-Pfalz als auch des benachbarten Saarlandes. Der Nationalpark soll seinen Besucher:innen neben einer intakten Tier- und Pflanzenwelt auch Einblicke in seine Vergangenheit mit Kultstätten aus der Zeit der Kelten und der Römer geben.[7] Ziel ist es, einen Ort zu schaffen, um Flora und Fauna einen Rückzugsort zu bieten und die Wälder, Moore und einheimischen Tierpopulationen in einem möglichst gesunden, naturnahen Zustand zu erhalten. Daneben verfolgt der Nationalpark den Anspruch, einen nicht unerheblichen Beitrag zu einer strukturellen Regionalentwicklung in den ortsansässigen Gemeinden dieser ländlich geprägten Region zu leisten. Diese Kommunen sollen sich zu attraktiven Standorten für Arbeitgeber:innen und -nehmer:innen und einem attraktiven Wohnum-

---

3 Vgl. ECOreporter GmbH (2019): Umweltschutz-Ursprung: Wie alles begann.

4 Richard von Weizsäcker (o.J.).

5 Vgl. Landtag Rheinland-Pfalz (2018): Nationalpark als Motor für Regionalentwicklung.

6 Vgl. Nationalparkamt Hunsrück-Hochwald (2020): Nachhaltige Regionalentwicklung, S. 4–23.

7 Vgl. Nationalpark Hunsrück-Hochwald (2022): Geschichte.

feld für Menschen entwickeln.[8] Weitere Zielsetzungen des Nationalparks liegen in einer Festigung der Bürgerpartizipation, der Förderung der regionalen Wirtschaft und Infrastruktur und in der Ankurbelung des Tourismus in der Region. Darüber hinaus beabsichtigt man die Stärkung des Kulturgeschehens und der regionalen Identität der Nationalparkgemeinden. Gleichzeitig kann der Nationalpark den einzelnen Städten und Gemeinden eine Plattform für eine sektorübergreifende Zusammenarbeit geben, auch über die Landesgrenze hinweg.[9] Die Frage, ob diese und weitere Zielsetzungen seit der Gründung des Nationalparks erreicht wurden, war mitunter Gegenstand dieses wissenschaftlichen Projekts.

Das Forschungsprojekt befasst sich mit den soziokulturellen Räumen in der Peripherie – der Nationalparkregion Hunsrück-Hochwald – und wird durch empirische Auswertungen genauere Ergebnisse zu Fragen, die Vernetzung, Kultur und Nachhaltigkeit in den Nationalparkgemeinden betreffen, liefern. Im Fokus steht die Erforschung soziokultureller Nachhaltigkeit in peripheren Regionen mit einer weniger guten sozioökonomischen Lage.[10] Besonders berücksichtigt wird die Qualität der Interaktion von Organisationen, Institutionen und Bürger:innen, da diese für eine nachhaltige Entwicklung in Randlagen maßgebend sind. Weiter im Vordergrund steht die Untersuchung, ob die Nachhaltigkeit von kultureller Vielfalt und kulturellen Praktiken ein entscheidender Faktor für eine allgemeine übergreifende Nachhaltigkeit ist. Die Ergebnisse dieser Forschung basieren auf umfangreichen qualitativen Befragungen mehrerer Experten:innen aus dem öffentlichen, wirtschaftlichen und gemeinnützigen Sektor. Das Ziel dieser qualitativen Befragung lag darin, subjektive Aussagen über Hintergründe und spezielle Verhaltensweisen der einzelnen Akteur:innen zu erhalten und diese zu vergleichen.[11]

Durch die Analyse der Nationalparkregion soll eine prototypische Entwicklung eines soziokulturellen Raumes dargestellt werden und dabei die soziokulturelle Nachhaltigkeit und deren Verankerung in Regionen in Randlagen aufzeigen. Als praktisches Forschungsziel sollen den betroffenen Akteuren:innen erste Handlungsempfehlungen präsentiert werden, um Anregungen und Vorschläge für die gemeinsame Bewältigung kultureller und wirtschaftlicher Fragen und Problematiken zu geben. Dazu zählen unter

8 Vgl. Nationalpark Hunsrück-Hochwald (2022): Ziele und Aufgaben.

9 Vgl. Nationalparkamt Hunsrück-Hochwald (2020): Nachhaltige Regionalentwicklung, S. 4–23.

10 Vgl. Bundesministerium für Ernährung und Landwirtschaft (2018): Typen ländlicher Räume.

11 Vgl. Qualtrics XM (2022): Qualitative Forschung.

anderem die Schaffung einer landesübergreifenden Nationalparkidentität sowie der soziokulturelle Profilausbau der Nationalparkgemeinden.

2. Periphere Räume und ihre Potenziale

Kommunen müssen sich oft mit den Themen Nachhaltigkeit, Soziokultur und regionale Entwicklung befassen. Im Vordergrund der Förderung von nachhaltiger Entwicklung stehen meist die urbanen Zentren. Dabei bleiben die peripheren Räume gegenüber den städtischen oft unberücksichtigt. Bei diesen peripheren Räumen handelt es sich um sehr ländlich geprägte Räume, denen es in soziokultureller und nachhaltiger Hinsicht an Unterstützung bedarf. Um ein Grundverständnis für den Unterschied zwischen Stadt und Land zu begreifen, werden die Vor- und Nachteile von ländlichen und urbanen Räumen gegenübergestellt. Des Weiteren werden im zweiten Teil dieses Kapitels die Begriffe nachhaltige Regionalentwicklung und soziokulturelle Nachhaltigkeit im Allgemeinen erläutert. In einer anschließenden Betrachtung des NLPs H-H werden wichtige demografische Daten und Kennzahlen aufgezeigt, die visualisieren, warum es sich bei dem NLP H-H um ein peripheres Gebiet handelt.

2.1. Ländliche Räume und urbane Räume gegenübergestellt

Ländliche Räume werden als Räume bezeichnet, deren Wirtschafts- und Bevölkerungsstruktur Unterschiede gegenüber urbanen Räumen aufweisen. Die Bevölkerungsstruktur in einem ländlichen Raum ist unter anderem von dem vorherrschenden Wirtschaftszweig oder Branchen abhängig, die in diesen Räumen vertreten sind, beispielsweise der Forstwirtschaft oder des Bergbaus. Ländliche Räume sind durch ihre periphere Lage gekennzeichnet. Als Peripherie werden vorwiegend die Gegenden bezeichnet, die am Rande eines Zentrums liegen und bestimmte Kriterien aufweisen. Zu diesen Kriterien gehören einerseits die Abhängigkeit vom Zentrum und andererseits die Benachteiligung, die durch die dezentrale Lage begünstigt wird. Somit bilden ländliche Räume den Kontrast zu urbanen Zentren. Urbane Zentren sind für ihre starke Wirtschaftlichkeit, die Ansammlung verschiedener sozialer Schichten, ihre gute Vernetzung durch eine stabile Infrastruktur und einen guten Ausbau des öffentlichen Nahverkehrs sowie eine Vielzahl an Arbeitsperspektiven bekannt.[12]

12 Vgl. Küpper (2020): Was sind eigentlich ländliche Räume?

Es stellt sich ein ersichtlicher Vorteil gegenüber ländlichen Räumen heraus. Meist bieten periphere Räume eine schwache wirtschaftliche Struktur sowie eine schwache Infrastruktur, die unter anderem durch Mangel an Arbeitsmöglichkeiten und Perspektivlosigkeit gekennzeichnet ist.[13] Jüngere Generationen sind notgedrungen darauf angewiesen, in zentrale Agglomerationen abzuwandern. Viele periphere Räume können heutzutage aus wirtschaftlicher Sicht nicht mehr mit urbanen Gebieten mithalten und fallen somit in eine Rückständigkeit.[14]

In Deutschland ist zudem ein demografischer Wandel in den letzten Jahrzehnten zu verzeichnen, der wiederum den geografischen Wandel beeinflusst. Durch den Abzug von jungen Menschen in die Städte bleibt eine durchschnittlich alte, nicht mehr erwerbstätige Bevölkerung in den ländlichen Räumen zurück. Es gibt somit wenig Arbeitskräfte, unbewohnte Flächen oder Mangel an Geschäften und ärztlicher Versorgung. Damit fehlen teilweise wichtige Infrastrukturpunkte, die eine Gemeinschaft in den Kommunen aufrechterhält. Daraus folgt eine immer weiter zunehmende Abwanderung junger arbeitswilliger Bürger:innen in urbane Zentren.[15]

Trotz ihrer infrastrukturellen Nachteile haben ländliche Räume eine geringere Umweltverschmutzung und stehen für die Natur und Diversität. Zudem werden Traditionen, Sitten und Werte aufrechterhalten und in diesen Gemeinden entsprechend gelebt. Unter anderem herrschen hier ein stärkeres soziales Engagement und Zusammenhalt. Darunter zählt primär die sogenannte „Nachbarschaftshilfe", die es in städtischen Regionen nur selten gibt.[16]

Um periphere beziehungsweise ländliche Räume auch für jüngere Generationen attraktiv zu gestalten, bedarf es daher an einer nachhaltigen regionalen sowie einer positiven soziokulturellen Entwicklung in den betroffenen Kommunen.

2.2. Nachhaltige Regionalentwicklung und soziokulturelle Nachhaltigkeit als Wegweiser für periphere Räume

Für den gesellschaftlichen Fortschritt in einer Region sind die nachhaltige regionale Entwicklung sowie das Schaffen einer nachhaltigen Soziokultur obligat. Aufgabe ist es, gesellschaftlichen Wohlstand durch eine nachhaltige

13 Vgl. ebd.

14 Vgl. ebd.

15 Vgl. Bundesministerium für Ernährung und Landwirtschaft (2020): Ländliche Regionen verstehen, S. 35.

16 Vgl. Küpper (2020): Was sind eigentlich ländliche Räume?

Entwicklung in einem Gebiet voranzutreiben, respektiv dabei die Natur und Umweltgüter zu schützen. Bei der nachhaltigen Entwicklung stehen soziale, ökologische und ökonomische Aspekte in einem harmonisierenden Verhältnis zueinander. Daraus resultiert die Sicherstellung einer intragenerativen Zukunft für kommende Generationen in diesen Regionen. Zudem verhindern nachhaltige Initiativen in einer Region primär das Abwandern von jungen und arbeitsfähigen Bürger:innen in anderen Gebieten.[17]

Neben der nachhaltigen Regionalentwicklung ist die soziokulturelle oder auch soziale Nachhaltigkeit ein wichtiger Aspekt, um die Regionalität zu fördern. Die „Soziale Nachhaltigkeit beschreibt die bewusste Organisation von sozialen und kulturellen Systemen."[18] Soziokulturelle Nachhaltigkeit beschäftigt sich beispielsweise mit kulturellen Praxen, die in einer bestimmten Region und Gesellschaft ausgeübt werden. Die Förderung von Kulturpolitik, Bildung und einer stabilen Gemeinschaft sind wichtige Bestandteile einer nachhaltigen Soziokultur. Im Vordergrund soziokultureller Nachhaltigkeit steht primär eine selbstständige regionale Identität und Kultur, die mit den Werten, Traditionen und Sitten einer Region einhergehen. Eng verbunden mit der Soziokultur ist die Sozioökonomie. Hierbei richtet sich das ökonomische Interesse einer Volkswirtschaft nach gesellschaftlich wichtigen Punkten aus, unter anderem soziokultureller Art.[19] Des Weiteren befinden sich in bestimmten Regionen kommerzielle Handelsgüter oder Dienstleistungen, die dort vorwiegend gehandelt oder bereitgestellt werden. So gehört etwa der saarländische Schwenker oder Lyoner zu den Produkten, die sich in ökonomischer Hinsicht an soziokulturelle Praxen anlehnen.

Schnittstellen, um nachhaltige Regionalentwicklung und Soziokultur in peripheren Räumen zu vereinen, bieten Nationalparks. Nationalparks wie der Schwarzwald bieten ein gutes Beispiel, wie nachhaltige regionale Entwicklung und Soziokultur in ihrer Region gefördert und aufrechterhalten werden kann. Somit ist der Nationalpark Schwarzwald nicht nur ländlich geprägt, sondern besitzt laut Bundesministerium für Ernährung und Landwirtschaft eine „gute sozioökonomische Lage".[20]

17 Vgl. Böcher (2009): Faktoren für den Erfolg einer nachhaltigen und integrierten ländlichen Regionalentwicklung, S. 127.

18 Gabler Wirtschaftslexikon (2022): soziale Nachhaltigkeit.

19 Vgl. Gabler Wirtschaftslexikon (2022): Sozioökonomie.

20 Bundesministerium für Ernährung und Landwirtschaft (2018): Typen ländlicher Räume, S. 8.

2.3. Profil der ländlichen Nationalparkregion Hunsrück-Hochwald

Der NLP H-H befasst sich mit nachhaltiger regionaler und soziokultureller Entwicklung. Der Nationalpark wurde 2015 eröffnet, mit dem Ziel, den dortigen Naturraum und dessen Diversität zu schützen.[21]

Die Lage ist jedoch sehr peripher geprägt und weist vergleichsweise eine deutlich weniger gute sozioökonomische Lage auf.[22] Nach dem Thünen-Institut zeichnet sich eine gute sozioökonomische Lage durch eine geringe Arbeitslosenquote, höhere Löhne und Einkommen sowie einen niedrigeren Anteil an Schulabgänger ohne Abschluss und niedrigen Wohnungsleerstand aus. Weiterhin definiert das Thünen-Institut Ländlichkeit häufig für Gebiete, in denen die Siedlungsdichte gering ist, der Anteil an land- und forstwirtschaftlichen Flächen hoch ist, es mehr Ein- und Zweifamilienhäuser gibt, das Bevölkerungspotenzial geringer ist und große Zentren schlecht erreichbar sind. Auf Abbildung 1 kann deutlich erkannt werden, dass der NLP H-H in eine Region fällt, die sowohl als sehr ländlich bezeichnet werden kann als auch durch eine eher weniger gute sozioökonomische Lage geprägt ist.[23]

---

21 Vgl. Nationalpark Hunsrück-Hochwald (2021): Erster Forschungsband des Nationalparks erschienen.

22 Vgl. Bundesministerium für Ernährung und Landwirtschaft (2018): Typen ländlicher Räume, S. 8.

23 Vgl. Thünen-Institut (2018): Typen ländlicher Räume.

Abbildung 1: Typen ländlicher Räume nach Thünen-Institut

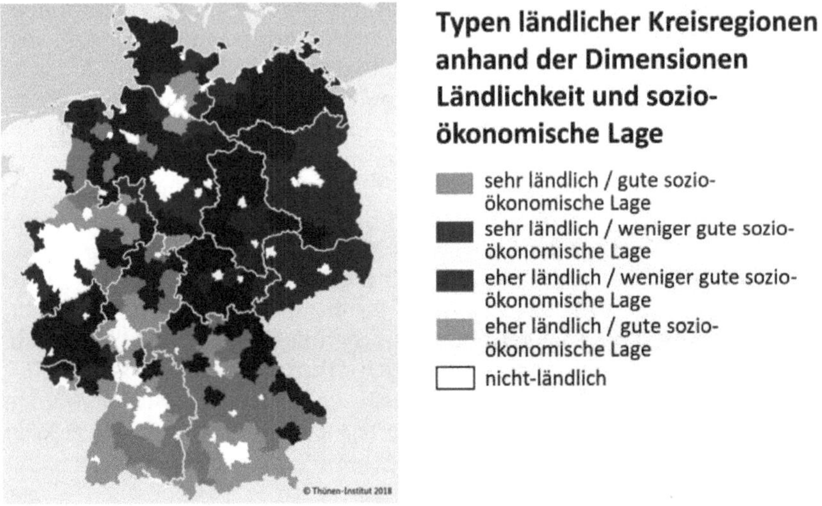

Quelle: Thünen-Institut (2018): Typen ländlicher Räume.

Im Folgenden werden weitere geografische sowie demografische Daten aufgezeigt, die die periphere Lage des NLPs H-H verdeutlichen sollen.

Abbildung 2: Übersichtskarte des Nationalparks Hunsrück-Hochwald 2020

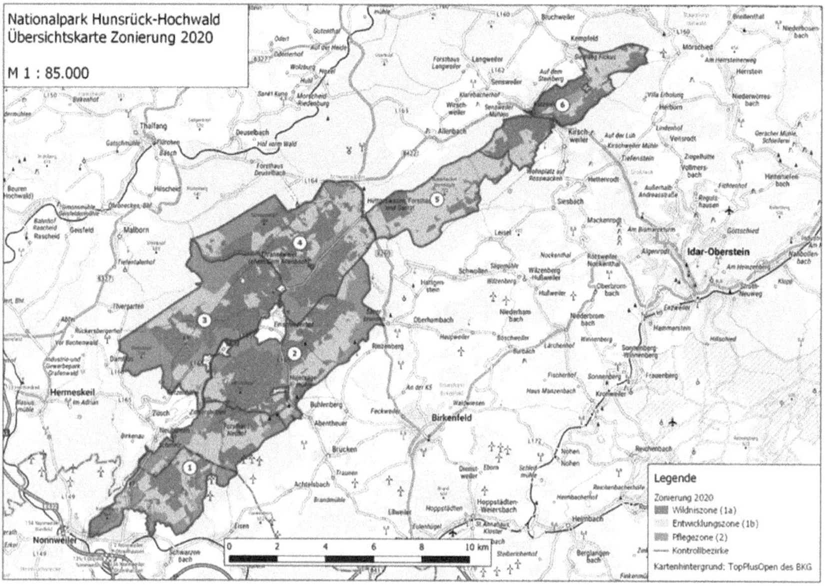

Quelle: Nationalpark Hunsrück-Hochwald (2020): Nationalpark Hunsrück-Hochwald Zonierung 2020.

Der NLP H-H liegt in einer sehr ländlich geprägten Region im Westen Deutschlands. Die Fläche des Nationalparks beträgt 10.000 Hektar und erstreckt sich über Teile des Landkreises St. Wendel im Nordosten des Saarlandes sowie über die Landkreise Bernkastel-Wittlich, Trier-Saarburg und Birkenfeld in Rheinland-Pfalz, wie aus der obigen Karte erkenntlich wird.[24] Dabei umfasst der Nationalpark Teile der Gemeinden Birkenfeld (Nahe), Idar-Oberstein, Rhaunen, Herrstein, Baumholder, Hermeskeil und Thalfang in Rheinland-Pfalz sowie Nonnweiler und Nohfelden im Saarland.[25]

Um die Entwicklung der Zonen zu beobachten und zu analysieren, ist der Nationalpark in sechs Kontrollbezirke eingeteilt, die auf der Karte gekennzeichnet sind. Die Wild- und Entwicklungszonen, welche jeweils in dunkel- und hellgrau farbig dargestellt sind, decken einen Großteil der Nationalparkregion ab. Bei den orangefarbenen Teilen der Region handelt

24 Vgl. Nationalpark Hunsrück-Hochwald (2022): Der Nationalpark Hunsrück Hochwald.
25 Vgl. Nationalpark Hunsrück-Hochwald (2022): Die Nationalparkregion.

es sich um Pflegezonen.[26] Durch die Karte wird ersichtlich, dass es sich bei dem NLP H-H um eine sehr weitläufige und periphere Region handelt.

Demografisch gesehen leben stand 2019 etwa 69.905 Einwohner:innen in der Nähe des Nationalparks. Dabei ist der Anteil an Frauen und Männern in den einzelnen Gemeinden mit 0,4 % bis 2,6 % Unterschied relativ ausgeglichen und stellt keine signifikante Kennzahl dar. Viel wichtiger scheint die Erkenntnis über das durchschnittliche Alter in den Gemeinden. Die Gemeinden weisen alle ein durchschnittliches Alter von über 40 Jahren auf. Berechnet man das Durchschnittsalter der Gemeinden, liegt dieses bei 46,1 Jahren. Hier wird ersichtlich, dass eine zunehmend älter werdende Bevölkerung in den Gemeinden vorliegt, welche mit dem demografischen Wandel in Deutschland einhergeht. Weitere bedeutende Kennzahlen lassen sich an der durchschnittlichen Bevölkerungsentwicklung ableiten. Zwischen 2014 und 2019 kam es nur zu wenigen Zuwanderungen in den Gemeinden Birkenfeld (Nahe), Idar-Oberstein, Rhaunen, Baumholder und Hermeskeil. Hier lag der maximale durchschnittliche Zuwachs bei 2,7 % in der Gemeinde Hermeskeil. Die restlichen Gemeinden verzeichneten lediglich einen kleinen Zuwachs von etwa 0,26 % bis 0,99 %. Auch die Abwanderungsrate beläuft sich auf niedrige Zahlen. In Herrstein, Thalfang, Nonnweiler und Nohfelden liegen die Abwanderungsraten bei unter –1 %. Berechnet man den Mittelwert der neun Gemeinden, erhält man eine durchschnittlich jährliche Bevölkerungsentwicklung von circa +0,33 % zwischen den Jahren 2014 und 2019. Das Alter und die durchschnittliche Bevölkerungsentwicklung spiegeln beide die sozidemografische und periphere Lage im Nationalparkgebiet wider. Es ist davon auszugehen, dass die nachhaltige Regionalentwicklung deutlich mehr gefördert werden sollte. Der NLP H-H versucht dabei, die nachhaltige regionale Entwicklung zu unterstützen.[27] Die betrachteten Daten sind im Detail im Anhang (Anhang A) zu finden.

Die demografischen Kennzahlen affirmieren zudem die Darstellung der Karte, dass der Nationalpark sich evident durch eine sehr periphere Lage auszeichnet. Daraus resultiert primär die kaum vorhandene Bevölkerungsentwicklung in den bestehenden Gemeinden.

Laut NLP H-H verzeichnet allein der Landkreis Birkenfeld eine momentane jährliche Abwanderung von 300 bis 400 Personen.Des Weiteren existieren mehr als 20.000 Häuser, die sanierungsbedürftig sind.Durch die Zusammenarbeit der beiden Bundesländer und der einzelnen Gemeinden miteinander können Bundes-, Landes- und EU-Fördermittel akquiriert und

26 Vgl. Nationalpark Hunsrück-Hochwald (2022): Nationalpark Hunsrück-Hochwald Zonierung 2020.

27 Vgl. AdminStat (2022): Karten, Analysen und Statistiken zur ansässigen Bevölkerung.

zweckgerichtet eingesetzt werden. Ziel dieser Fördermittel ist es, die regionale und soziokulturelle Entwicklung in den oben genannten Gemeinden voranzutreiben und unter anderem zu stabilisieren, um die einzelnen Gemeinden attraktiv für heutige und zukünftige Generationen zu gestalten. Hierzu gehört die Zuwanderung in den Gemeinden zu begünstigen sowie eine kontinuierliche Abwanderung zu vermeiden. Hierbei helfen in erster Linie die Zusammenarbeit der beiden Bundesländer und die dazu bereitgestellten Fördermittel.[28]

Darüber hinaus haben die wirtschaftlichen Gegebenheiten ebenfalls einen Einfluss darauf, ob Menschen aus dieser Region abwandern. Nach dem Thünen-Institut lassen sich folgende Wirtschaftsdaten kommunizieren. Im primären Sektor (Land- und Forstwirtschaft) sind 1,35 % (Landkreis Birkenfeld) und 0,83 % (Landkreis St. Wendel) der Erwerbstätigen beschäftigt. Deutschlandweit betrachtet stellen dies Werte dar, die sich im mittleren Bereich einordnen lassen. Der sekundäre Sektor stellt das produzierende Gewerbe dar. In diesem Sektor arbeiten 30,7 % (Landkreis Birkenfeld) und 32,6 % (Landkreis St. Wendel) aller Erwerbstätigen. Im Bundesvergleich befinden sich diese Werte im mittleren bis oberen Bereich. Im tertiären Sektor (Dienstleistungen und Handel) sind jeweils 67,9 % und 66 % der Erwerbstätigen der beiden Landkreise Birkenfeld und St. Wendel beschäftigt. Diese Einordnung befindet sich deutschlandweit betrachtet im mittleren Bereich. Somit weist die Nationalparkregion Hunsrück-Hochwald keine sektorale Profilierung auf, was wiederum als nicht ausgeschöpftes Wirtschaftspotenzial gedeutet werden kann.[29]

3. Methodik

Um die Unterschiede in der soziokulturellen Nachhaltigkeit in der Nationalparkregion erfassen und messen zu können, wurden insgesamt 15 Interviews mit Vertreter:innen aus dem öffentlichen, privaten und gemeinnützigen Sektor abgehalten. Diese leitfadengestützten und qualitativen Interviews sollen für eine erste Exploration sorgen, da zu diesem Thema an diesem Ort bislang nur sehr begrenzt geforscht wurde. Aus Kapazitätsgründen beschränkt sich dieser Projektbericht lediglich auf Antworten der (deduktiv) vorgegebenen Fragen des Befragungsleitfadens. Im Folgenden wird nun die Entwicklung und die Durchführung der leitfadengestützten

28 Vgl. Nationalpark Hunsrück-Hochwald (2022): Die Nationalparkregion.
29 Vgl. Thünen-Institut (2016): Erwerbstätige nach Sektoren.

Interviews behandelt. Des Weiteren wird ein kurzer Überblick über die gewählte Forschungsmethode gegeben.

3.1. Entwicklung der leitfadengestützten Interviews

In der Empirie wird grundsätzlich zwischen qualitativen oder quantitativen Methoden unterschieden. In den quantitativen Forschungsansätzen besteht das vorrangige Ziel darin, soziale Phänomene messbar zu machen und statistisch auszuwerten. Außerdem sollen vorrangig vorher formulierte Hypothesen und Theorien überprüft werden. Dies ist auch eine Voraussetzung für die quantitative Forschung, ebenso wie das benötigte Wissen über statistische Verfahren und Methoden zur Datenerhebung, -auswertung und -interpretation. Ein ausgeprägtes Merkmal der quantitativen Forschung ist die Standardisierung. Typische Verfahren sind standardisierte Fragebögen und Experimente. In der qualitativen Forschung hingegen besteht das vorrangige Ziel darin, soziale Phänomene zu interpretieren und zu (re)konstruieren, um darauf aufbauend Hypothesen und Theorien generieren zu können. Voraussetzungen für eine erfolgreiche qualitative Forschung ist ein offener, explorativer Zugriff auf das soziale Phänomen sowie das Wissen über qualitative Verfahren und Methoden zur Datenerhebung, -auswertung und -interpretation. In der Regel ist bei qualitativen Forschungsansätzen keine Standardisierung möglich. Typische Verfahren in der Datenerhebung sind Leitfaden-gestützte Interviews, Gruppendiskussionen und Beobachtungen.[30]

Im Falle der vorliegenden Untersuchung fiel die Wahl auf qualitative Methodik. Dies geschah vor allem aus zwei Gründen. Zum einen verfolgt dieses Projekt das Ziel, explorativ vorzugehen und erste Aussagen zu generieren. Wie bereits angeführt, werden in quantitativen Umfragen vorrangig Hypothesen und Theorien überprüft, welche vorher formuliert wurden. In diesem Fall ist diese Formulierung nicht möglich, da zu diesem Thema an diesem Ort bislang nur sehr begrenzt geforscht wurde. Daher gilt es, vorhandene Strukturen erst zu erkennen, bevor Hypothesen und Theorien formuliert werden können. Somit wird die Generierung von induktiv gewonnenen Informationen angestrebt.

Für die Auswertung wurde die qualitative Inhaltsanalyse nach Kuckartz[31] bemüht. Diese ist ein Auswertungsverfahren, welches Textmaterial systematisch und regelgeleitet analysiert. Dieser Forschungsansatz unterscheidet drei Basisformen: inhaltlich strukturiert, evaluativ und typenbildend. Die inhaltlich strukturierte qualitative Inhaltsanalyse ist eine inhaltliche

30 Vgl. Universität Leipzig (2022): Qualitativ vs. Quantitativ.

31 Vgl. Kuckartz (2014): Qualitative Text Analysis.

und themenorientierte Auswertung, welche Ober- und Unterthemen herausbildet. Bei der evaluativen Inhaltsanalyse wird der zu analysierende Inhalt bewertet, klassifiziert und eingeschätzt. Die letzte Möglichkeit ist die typenbildende qualitative Inhaltsanalyse. Hierbei wird das Material kontrastiert und dient dazu Typen und Typologien aus dem Material herauszubilden. In diesem Vorhaben wurde der inhaltlich strukturierten Auswertung Vorrang gewährt. Die semistrukturierte Inhaltsanalyse wurde im weiteren Verlauf der Untersuchung in Betracht gezogen, da vorhandene Strukturen erst noch erkannt werden müssen. Der Ablauf der semistrukturierten qualitativen Inhaltsanalyse nach Kuckartz verläuft nach sieben Schritten. Im ersten Schritt, der initiierenden Textarbeit, werden wichtige Textpassagen markiert. Des Weiteren werden erste Besonderheiten und Auswertungsideen festgehalten. Im zweiten Schritt werden thematische Hauptkategorien gebildet. Ziel dieses Schrittes ist es, Kategorien anhand der inhaltlichen Struktur des Textes zu erstellen. Die Hauptthemen beziehungsweise die Hauptkategorien werden dabei meist aus der Forschungsfrage abgeleitet. Es ist ebenfalls möglich, dass sich bei der Kodierung weitere wichtige Hauptthemen herausstellen. Diese Kategorien sind somit induktiv und können je nach Anforderung bearbeitet werden. Daraufhin wird das Material mit den Hauptkategorien kodiert. Hierbei wird das gesamte Material sequenziell durchgearbeitet und jeweils den thematischen Kategorien zugeordnet. Im vierten Schritt werden die Textstellen nach den Hauptkategorien zusammengestellt. Hierbei werden die thematischen Kategorien ausdifferenziert, welche ausgewählt wurden. Im nächsten Schritt ist eine induktive Bestimmung der Subkategorien vorgesehen. Die im vorherigen Schritt ausgewählten Textstellen werden nun erneut analysiert. Im sechsten Schritt wird das Material im Kategoriensystem kodiert. Im siebten und letzten Schritt werden die Ergebnisse analysiert und visualisiert.[32] In der vorliegenden Auswertung wurde aus Kapazitätsgründen auf die Bildung und Deutung von induktiven Kategorien verzichtet.

Die Herausforderung bei der qualitativen Inhaltsanalyse nach Kuckartz besteht in der Maße und Vielseitigkeit der gegebenen Informationen. Durch die offenen Interviewfragen beantwortet jeder Teilnehmende die Fragen subjektiv und in einem selbst gewählten Ausmaß. Anders als bei der quantitativen Inhaltsanalyse muss hier sehr gezielt nach konkreten und individuell variierenden Informationen gesucht werden.[33]

32 Vgl. Methodenzentrum Ruhr-Universität Bochum (2022): Qualitative Inhaltsanalyse nach Kuckartz.

33 Vgl. Kuckartz (2014): Qualitative Text Analysis.

In dieser Forschungsarbeit wurde auf dieser methodischen Grundlage ein Fragebogen entwickelt, welcher acht sektorübergreifende Fragen (gleich viel für jeden Sektor) und weitere zwei bis vier sektorspezifische Fragen umfasst (Anhang B, C, D). Die Teilnehmer:innen dieser Befragung siedeln sich in den drei Sektoren des öffentlichen, des wirtschaftlichen (anstelle von einzelnen Unternehmen wurden Institutionen, die die Interessen von Unternehmen vertreten befragt) und des gemeinnützigen Sektors an.

In diesem Vorhaben soll die soziokulturelle Nachhaltigkeit in peripheren Regionen untersucht werden. Da sich das Forschungsvorhaben anknüpfend an das verbindende Element der „Kultur“ im interdisziplinären Feld von Nachhaltigkeitsentwicklung und Organisation bewegt, stehen hier die Interaktionen von Organisationen, Institutionen und Bürger:innen im Mittelpunkt. Hierbei wird von einer gegenseitigen Bedingtheit von Kultur, Nachhaltigkeit und Regionalentwicklung ausgegangen. Nachhaltigkeit von kultureller Vielfalt und kultureller Praxen kann hier ein realer Treiber der übergeordneten Nachhaltigkeit – insbesondere von peripheren Regionen – sein. Ziel ist es, durch eine möglichst breit angelegte Bestandsaufnahme und Analyse – drei Sektoren umfassend – praxisgeeignete Handlungsempfehlungen für regionale Organisationen aus den drei Sektoren zu entwickeln. Außerdem lassen sich vor diesem Hintergrund das nachhaltigkeitsorientierte Handeln sowie die Kooperationsbereitschaft und die Selbsteinschätzung der teilnehmenden Institutionen nachvollziehen.

Im Rahmen dieses Vorhabens wird die prototypische Entwicklung vom „Soziokulturellen Raum“ angestrebt, welcher aus der Nationalparkregion Hunsrück-Hochwald abgeleitet wird. Diese Befragung betont die soziokulturelle Nachhaltigkeit und deren institutionellen Verankerungen für Peripherie-Regionen als ein vielfältiges und von Diversität geprägtes Konstrukt.

3.2. Durchführung der leitfadengestützten Interviews

Die leitfadengestützten und qualitativen Interviews wurden über einen Zeitraum vom 13.12.2021 bis 27.01.2022 durchgeführt. Hierbei wurden Repräsentant:innen der drei Sektoren befragt. Im öffentlichen Sektor gab es insgesamt vier Teilnehmende. Im wirtschaftlichen Sektor waren es fünf und im gemeinnützigen Sektor war es möglich, insgesamt sechs Interviews durchzuführen. Da die Interviewleitfäden teilweise sektorspezifische Fragen beinhalteten, wurden drei Interviewleitfadenvariationen erstellt und jeweils potenziellen Befragten zugeordnet. Der Erstkontakt erfolgte via E-Mail oder telefonisch. Dabei wurde das vorliegende Projekt erläutert und um eine Teilnahme gebeten. Zur besseren Orientierung der teilnehmenden Personen wurde der jeweilige sektorspezifische Interviewleitfaden mit einer kurzen

Einführung mitgeschickt. Mit den interessierten Teilnehmer:innen wurde im nächsten Schritt einen Termin zur Durchführung des Interviews vereinbart. Die Interviews wurden via Online-Konferenzanbieter Zoom durchgeführt. Vor dem Durchführen des jeweiligen Interviews haben die teilnehmenden Personen eine Einverständniserklärung zur Verwendung der Daten unterzeichnet. Diese sagte vor allem aus, dass die Daten im Rahmen des Forschungsprojekts verarbeitet werden dürfen und dass jeder Teilnehmende anonym behandelt wird. Außerdem wurde hier die Zustimmung zur Aufzeichnung des Interviews gegeben.

Um den Redefluss der teilnehmenden Person beim Durchführen des Interviews zu fördern und um detailliertere Informationen zu erhalten, wurden ad-hoc Fragen oder Kommentare gestellt bzw. berücksichtigt. Diese dienten auch dazu, ein Mehr an Konkretisierung von Antwort zu leisten. Im Durchschnitt umfasste ein Interview einen Zeitraum von ca. 45 min. Um die gewonnenen Daten im weiteren Verlauf zu verarbeiten, wurden die Interviews auditiv aufgezeichnet. Nach der Durchführung der insgesamt 15 Interviews wurden diese in einem nächsten Schritt transkribiert. Im letzten Schritt wurden die vorliegenden Audiodateien gelöscht, damit konnte einem hohen methodischen Anonymisierungsanspruch entsprochen werden. Es sei angemerkt, dass ein Interview im zweiten Sektor gleichzeitig mit zwei Teilnehmern durchgeführt wurde. Da jedoch die Befragten sich bei der Beantwortung der Fragen ergänzten (Divergenzen zwischen den beiden Teilnehmern wurden nicht festgestellt), wurden im weiteren Verlauf der Auswertung dieses Interviews die Antworten integriert und als Interview mit einem Befragten behandelt.

4. Durchführung der Auswertung

Die Analyse der zuvor gesammelten Daten aus den Interviews wurde mit der Software MAXQDA 2022 durchgeführt. Der Fokus liegt hierbei auf der Arbeit mit Kategorien, auch Codes genannt und deren Entwicklung sowie der Entwicklung eines Kategoriensystems, welches den Code-Rahmen bildet. In diesem Projekt wurde die Entwicklung von Kategorien konzeptorientiert, also deduktiv, durchgeführt. Daher wurden die Daten in diesem Fall aus Forschungsfragen abgeleitet, welche in einem direkten Zusammenhang mit dem Interviewleitfaden stehen.[34] Die Konkretisierung der Codes wurde vorher nicht definiert, sondern innerhalb des Codier-Prozesses entwickelt.

34 Vgl. Kuckartz (2019): Qualitative Text Analysis: A Symtematic Approach, S. 183–185.

Der Prozess des Codierens beinhaltet diverse Schritte, welche in fünf Phasen unterschieden werden können.[35] Die fünf Phasen sind in der folgenden Abbildung 3 aufgezeigt.

Abbildung 3: Codier-Prozess nach Kuckartz

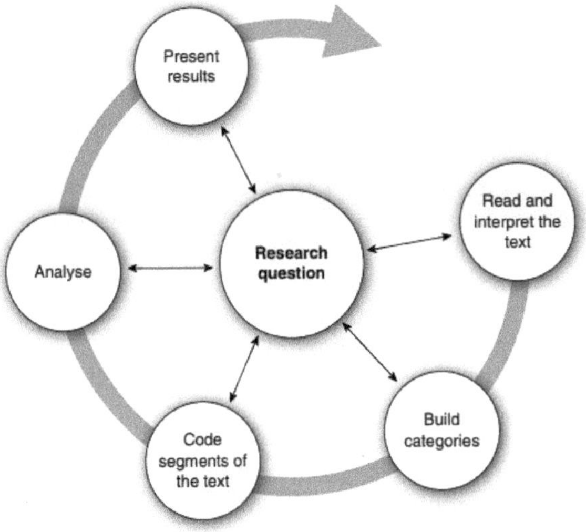

Quelle: Kuckartz (2014): Qualitative Text Analysis, S. 40.

Es handelt sich hierbei um das Lesen der Interviewdaten, das Bilden des Codier-Rahmens und das Codieren der Daten sowie die Analyse der codierten Daten und die Präsentation der Ergebnisse. Im Zentrum steht dabei jeweils die zentrale Forschungsfrage. Es wurden mehrere Durchläufe der einzelnen Phasen in der Analyse durchgeführt, da sowohl Kategorien als auch Unterkategorien (Subcodes) erstellt wurden.[36] Im folgenden Verlauf wurden Summaries erstellt, welche den codierten Teil der Interviews paraphrasiert wiedergibt und eine thematische Zusammenfassung abbildet.[37] Auf der Basis der zuvor erstellten Codes und Summaries wird im Folgenden auf

35 Vgl. Kuckarzt (2014): Qualitative Text Analysis, S. 47.
36 Vgl. Kuckartz (2019): Qualitative Text Analysis: A Symtematic Approach, S. 186.
37 Vgl. Kuckartz (2014): Qualitative Text Analysis, S. 80.

die Analyse der einzelnen Sektoren eingegangen und darauf aufbauend die sektorübergreifenden Gemeinsamkeiten aufgedeckt. Für die Auswertung wurde die Funktion der Summary-Tabelle genutzt, um die zuvor erstellen thematischen Zusammenfassungen (Summaries) zu vergleichen und eine Übersicht über die Fälle zu erstellen.[38] Mittels des Summary Explorer erfolgte der qualitative Vergleich von Gruppen und Fällen auf der Basis der zuvor erstellten Summaries. Als Ergebnis liegt eine Häufigkeitsanalyse der codierten Segmente der einzelnen Kategorien je Gruppe vor.[39]

Im weiteren Verlauf wurden die Code-Häufigkeiten mittels diverser Diagramme analysiert. Dies wurde genutzt, um einen Überblick über die spezifischen Verteilungen der erstellten Subcodes zu generieren sowie Sektoren miteinander zu vergleichen.[40]

5. Analyse der Ergebnisse

5.1. Sektorspezifische Analyse der Ergebnisse

In dem öffentlichen Sektor wurde festgestellt, dass die nachhaltige soziokulturelle Entwicklung für die Bewusstseinsschaffung in der Region wichtig ist. *„Also es ist so, …, dass das Thema Nachhaltigkeit für die Entwicklung vor Ort in einer Kommune, in der Bürgerschaft einer Kommune eine wichtige Rolle spielt und dass die Leute, …, einen Sinn dafür haben, dass ihre Kinder und Enkelkinder irgendwann auch noch gut in der jetzigen Umgebung leben sollen.“ (1-2)* Die soziokulturelle Nachhaltigkeit wurde im Unterschied zur ökologischen Nachhaltigkeit überwiegend in dem Ausbau des kulturellen Angebots verstanden. Relevante Faktoren hierbei sind die Organisation von Veranstaltungen trotz der Covid-19-Pandemie sowie auch die Vernetzung von Regionen und die Stärkung des Ehrenamtes. Das soziokulturelle Nachhaltigkeitsprofil der Gemeinden hat wenig bis keinerlei Veränderungen seit der Gründung des Nationalparks erfahren. So wurde von den Befragten unter anderem angegeben, dass die Thematik der Nachhaltigkeit schon vor der Gründung des Nationalparks vorhanden war. *„Also wie gesagt, das Thema Nachhaltigkeit war glaube ich schon immer präsent. Aber mir wäre jetzt nicht bekannt, dass jetzt irgendwas im unmittelbaren Zusammenhang mit der Nationalpark Geschichte im Kontext steht.“ (1-3)* Die Vernetzung mit anderen Vertreter:innen des

38 Vgl. Rädiker, Kuckartz (2020): Focused Analysis of Qualitative Interviews with MAXQDA, S. 99–100.

39 Vgl. ebd., S. 97.

40 Vgl. Kuckartz (2014): Qualitative Text Analysis, S. 86.

gleichen Sektors wurde von den Befragten sowohl als ausbaufähig sowie als bereits gut ausgebaut bezeichnet. Herauskristallisiert haben sich Potenziale in der Verbesserung der Kommunikation und dem Aktionspotenzial. Auch ein Optimierungspotenzial in der Anzahl der Akteur:innen wurde trotz einer starken Vernetzung aufgedeckt. Die Vernetzung mit anderen Sektoren wurde von den Befragten differenziert beantwortet. So wurden die Problematiken der peripheren Lagen aufgezeigt, woraus eine mangelhafte Vernetzung resultiert. *„Das funktioniert wunderbar, aber das ist so ein bisschen abgekoppelt.“ (1-3)* Des Weiteren haben die Interviewpartner:innen überwiegend angegeben, dass keine Vernetzungen mit anderen Nationalparkregionen vorhanden sind und dies unter anderem durch die räumliche Distanz begründet. Außerdem gaben die Befragten an, dass der Wunsch nach einer Reduktion der Bürokratie sowie einer optimierten Vernetzung der Kommunen untereinander als auch einer Steigerung des nachhaltigen Dialogs in der Gesellschaft besteht. *„Ich würde mir projektbezogenes Arbeiten wünschen; allgemeinen Austausch untereinander, ..., und die gemeinsame Umsetzung, dass man sich auch entsprechend überlegt, was für Arbeitsaufträge bekommen jetzt Städte und Gemeinden, um die Sachen auch konkret umzusetzen, dass wir dann gemeinsam und dann, in diesem Ideal, dass wir eigentlich haben wollen.“ (1-3)* Die Interviewpartner:innen gaben überwiegend an, dass es sich um keine gemeinsame Identität mit dem Nationalpark handelt. Es wurde angegeben, dass sich die Bevölkerung überwiegend auf Bundeslandebene identifiziert und dass die räumliche Trennung ein Hindernis für eine gemeinsame Identität darstellt. Die Thematik der Bürgerbeteiligung und Partizipation bei dem Ausbau des Nachhaltigkeitsprofils in den Gemeinden wurde von allen vier Interviewteilnehmer:innen als ein relevantes Instrument für die Kommunikation mit der Gesellschaft bewertet. *„Also die Bürgerbeteiligung ist uns sehr wichtig, aber da muss man natürlich auch gewisse Strukturen haben, damit das Ganze dann auch sich wiederfindet in den Entscheidungen.“ (1-1)* Bürgerbeteiligungen werden als sehr beliebt und bekannt angesehen und auch zur Förderung der Akzeptanz in der Gesellschaft genutzt. Im Bereich der staatlichen Regulierungen hat sich im ersten Sektor ein differenziertes Bild aufgezeigt. In diesem Zusammenhang wurde aufgedeckt, dass die Regularien nicht optimal gestaltet sind. Des Weiteren wurde angemerkt, dass die Landesgrenzen eine Hürde darstellen. Das Potenzial der staatlichen Akteur:innen wird als eingeschränkt verstanden, da es an Kommunikation zwischen den Akteur:innen fehlt. Insgesamt wurde das Handlungspotenzial der staatlichen Akteur:innen als verbesserungswürdig angesehen.

Die Interviewpartner:innen des wirtschaftlichen Sektors gaben an, dass die Bewusstseinsschaffung in der Region von Relevanz ist – bezüglich der Rolle der Nachhaltigkeit in der soziokulturellen Entwicklung. Zwei der

Interviewteilnehmer:innen nannten in dem Zusammenhang zum einen, dass der Nationalpark als ein Symbol der Nachhaltigkeit in der Region fungieren kann. Zum anderen sollten vorhandene kulturelle Strukturen, wie das soziale Engagement und das nachhaltige Bewusstsein, weiter gefördert werden. Die weiteren Punkte, wie zum Beispiel der Mangel an finanzieller Unterstützung, wurden von einzelnen Personen genannt. Die soziokulturelle Nachhaltigkeit ist von der ökologischen Nachhaltigkeit aus Sicht des wirtschaftlichen Sektors überwiegend getrennt zu behandeln, so die Aussage von drei der Interviewteilnehmer:innen. So wird zum Beispiel die soziokulturelle Nachhaltigkeit als aktives Angebot an die Gesellschaft gesehen und die ökologische Nachhaltigkeit eher als wissenschaftlich betrachtet. Zwei weitere Interviewpartner:innen sehen keinerlei Unterschied in der soziokulturellen und ökologischen Nachhaltigkeit, da keine Trennung über das Drei-Säulen-Modell möglich ist. Des Weiteren ist ein diffuses Bild aufgeworfen worden bezüglich der thematischen Schwerpunkte. *„Das Thema Identität ist ja, …, soziale Ressource, also wenn Sie jetzt nach drei Aspekten fragen, dann sage ich jetzt einfach genau: Klimaschutz, regionale Identität und regionale Wirtschaft.“ (2-3)* Das soziokulturelle Nachhaltigkeitsprofil der Gemeinden wird in diesem Sektor sowohl mit einem gemischten Nachhaltigkeitsgefühl in der Bevölkerung bewertet (positive und negative Bewertung zugleich) als auch mit einer Steigerung des Stolzes in der Region zu wohnen (eher positive Bewertung) verbunden. Die Vernetzung mit anderen Vertreter:innen des Sektors ist stark ausgeprägt. Vier der Interviewteilnehmer:innen gaben dies an. *„Wir sind generell auch unabhängig vom Nationalpark vorher schon vernetzt gewesen. Neu hinzu kamen Netzwerke wie der Regionalentwicklungsverein.“ (2-2)* Auch die Vernetzung mit anderen Vertretern aus anderen Sektoren wird von vier Interviewteilnehmer:innen als stark ausgeprägt beurteilt. So sind die Vernetzungen mit den Bürgermeister:innen als sehr gut angesehen. Ebenso ist das Vorhandensein eines guten Netzwerks hervorgehoben worden. Vernetzungen mit anderen Nationalparkregionen sind überwiegend nicht vorhanden oder bisher nicht wahrgenommen worden. *„Da ist mir eine Zusammenarbeit nicht bekannt, außer im Tourismussektor in einzelnen Bereichen.“ (2-5)* Für den Profilausbau der soziokulturellen Nachhaltigkeit sind verstärkt eine bessere Vernetzung untereinander sowie das Einbringen von nachhaltigem Dialog in die Gesellschaft gewünscht. Unter einer optimierten Vernetzung untereinander wurde geäußert, dass Bürgerbeteiligungen und die Vernetzungen der Kommunen gefördert werden sollten. In Bezug auf die Einbringung eines nachhaltigen Dialogs wurde die Notwendigkeit der Kommunikation vonseiten des Nationalparks genannt. Die gemeinsame Identität der Nationalparkregion wurde von drei Befragten als eher gering vorhanden angesehen, da diese sich noch in der Entwicklung befindet. Zwei weitere Befragte sagten aus, dass es bisher noch keine gemeinsame Identität gibt. Geäußert wurde in diesem Zusammenhang jedoch der Wunsch danach, dass der Nationalpark hier stärker wirken sollte. *„Meine persönliche Meinung habe ich Ihnen gesagt: Nein, die gibt es noch nicht, ich fände es natürlich schön, wenn es die gäbe, und dann würde ich mir natürlich wünschen, ..., dass über den Nationalpark das Thema Nachhaltigkeit auch nochmal ganz stark gespielt wird, weil er einfach ein Symbol sein kann ...“ (2-3)* In der regionalen Wirtschaft werden aus Sicht des wirtschaftlichen Sektors vermehrt kleine Unternehmen gefördert, jedoch ist der Zusammenhang hierbei mit dem Nationalpark nicht zwingend vorhanden. Der Rest der Befragten sagte aus, dass es keinerlei Veränderungen in der regionalen Wirtschaft durch den Nationalpark gegeben hat. Bezüglich der Nachfrageänderungen ist überwiegend eine Steigerung im Kaufverhalten von nachhaltigen Produkten genannt worden. Folgend hat sich auch eine Steigerung des Angebots von regionalen Produkten generiert und wurde von zwei Interviewteilnehmer:innen genannt. Die Impulse und Änderungen in dem Bereich Tourismus werden sowohl regional als auch überregional eingestuft, vier der Befragten nannten dies in diesem Zusammenhang. Zudem wurde der Ausbau des Tourismus seit Gründung des Nationalparks von vier Befragten genannt. Im Bereich Landwirtschaft wurde im wirtschaftlichen Sektor überwiegend keine Veränderung wahrgenommen.

Im gemeinnützigen Sektor wurde die Rolle der Nachhaltigkeit in Bezug auf die soziokulturelle Entwicklung überwiegend mit der Schaffung von Bewusstsein in der Region verbunden. Dadurch soll unter anderem die Lebensqualität und Nachhaltigkeit für die Bürger gewährleistet werden. Auch relevant ist für die Interviewteilnehmer:innen des dritten Sektors die fehlende finanzielle Unterstützung, da vielerlei Potenziale und Interessen vorhanden sind, es jedoch an den finanziellen Ressourcen fehlt. Des Weiteren sind auch Veranstaltungen für diesen Sektor wichtig, da sich die soziokulturelle Nachhaltigkeit in den Veranstaltungen und Angeboten der Regionen widerspiegelt. Der Unterschied von soziokultureller Nachhaltigkeit und ökologischer Nachhaltigkeit wurde von den Befragten sehr unterschiedlich beantwortet. Genannt wurden einige Schwerpunkte wie die Förderung der Vernetzung der Regionen, der Zuwanderung und der Jugend. Vermehrt wurde in diesem Zusammenhang auf die Näherbringung der Natur in der Gesellschaft eingegangen und auch darauf, dass kein Unterschied oder eine Trennung der beiden Begrifflichkeiten möglich ist. *„Also sagen wir mal so, der ökologische Gedanke war ja vordergründig, als der Nationalpark gegründet wurde. Das ist denke ich auch weiterhin im Mittelpunkt von allem. Wie der Unterschied dann also in der Nachhaltigkeit zu den ökologischen Aspekten ist, kann ich mir jetzt eigentlich nur so vorstellen, dass vielleicht von den Inhalten her* *komplett in eine andere Richtung geht.“ (3-1)* Das soziokulturelle Nachhaltigkeitsprofil in der Gemeinde wurde von zwei der Interviewteilnehmer:innen damit verbunden, die Natur näher an die Gesellschaft zu bringen und auch das allgemeine Bewusstsein für die Natur zu steigern. Außerdem besteht ein größeres Interesse daran, insbesondere Kindern und Jugendlichen die Natur näherzubringen. Die Vernetzung mit anderen Vertreter:innen vom gleichen Sektor wird sehr divergent angesehen. So wurde von drei der Interviewpartner:innen von einer ausbaufähigen Vernetzung gesprochen. Zudem wurde von drei anderen Befragten von einem vielversprechenden Potenzial ausgegangen. Zwei weitere Interviewteilnehmer:innen gaben an, stark mit anderen Akteur:innen desselben Sektors vernetzt zu sein. *„Also dieser Netzwerkaustausch, vom gleichen Netzwerksektor funktioniert meiner Ansicht nach.“ (3-5)* Die Vernetzung mit anderen Sektoren wurde von zwei der Interviewpartner:innen als stark ausgeprägt angesehen. Im dritten Sektor besteht hauptsächlich keine Vernetzung mit anderen Nationalparkregionen. Die Wünsche der Interviewpartner:innen für den Profilausbau der soziokulturellen Nachhaltigkeit in der Region sind gänzlich unterschiedlich gelagert. So reicht die Bandbreite unter anderem von mehr administrativen Freiheiten zur optimierten Vernetzung der Kommunen hin zu einem Ausbau des öffentlichen Nahverkehrs als auch zu der Implementierung des nachhaltigen Dialogs in die Gesellschaft. Die Rolle der Nachhaltigkeit wurde von jeweils zwei Interviewpartner:innen mit einem Gefühl der gemeinsamen Identität beschrieben, von zwei anderen Interviewpartner:innen mit einem undifferenzierten Gefühl und wiederum von zwei Teilnehmer:innen mit keiner gemeinsamen Identität beschrieben. Änderungen und Impulse in dem regionalen Kulturangebot wurden unterschiedlich angesehen. So wurde von zwei Befragten angegeben, dass es neue Impulse gegeben hat, beispielsweise durch mehr Veranstaltungen und Angebote zum Thema Nachhaltigkeit. Von zwei weiteren Befragten wurde jedoch angegeben, dass es durch den Nationalpark keine neuen Impulse gegeben hat, da zum Beispiel die Aktionen ausschließlich von den Organisationen selbst ausgehen. In der Nachfrage für regionale Kulturangebote hingegen wurden von vier Personen angegeben, dass es keine neuen Impulse seit der Gründung des Nationalparks gegeben hat. Die Einschätzung des Potenzials bezugnehmend auf die Thematik Nachhaltigkeit und Kultur in der Region wurde von allen Befragten erkannt und überwiegend auch mit einer großen Chance angesehen. Mit der Positionierung als Kulturanbieter ist die Mehrzahl der Befragten sehr zufrieden und können dies auch anhand von Veranstaltungen und Besucherzahlen belegen. Die Nachhaltigkeitsziele der Vereinten Nationen (SDGs) sind nach Aussage von circa der Hälfte der Befragten bekannt und teilweise auch verankert.

5.2. Intersektorale Analyse der Ergebnisse

Von allen drei Sektoren wurde die Schaffung von Bewusstsein in der Region als maßgeblich empfunden. Die wirtschaftlichen und gemeinnützigen Sektoren stimmen vermehrt mit Ansichten überein, wie bei kulturellen Traditionen, dem Manko an soziokultureller Nachhaltigkeit und auch dem wachsenden Stolz in der Nationalparkregion zu wohnen.

Überwiegend sehen die Sektoren keinen Unterschied oder keine Trennbarkeit der Begriffe soziokulturelle Nachhaltigkeit und ökologische Nachhaltigkeit. Vermehrt wurde von den wirtschaftlichen und gemeinnützigen Sektoren genannt, dass die Natur näher an die Gesellschaft gebracht werden sollte. Die wirtschaftlichen und gemeinnützigen Sektoren sehen Regionalität als förderungswürdig an. Zudem werden die Jugendförderung und das Näherbringen der Natur an die Gesellschaft als wichtig empfunden. Des Weiteren heben der öffentliche und der wirtschaftliche Sektor das kulturelle Angebot und dessen Ausbau hervor.

Bezüglich des soziokulturellen Nachhaltigkeitsprofils ergab sich ein sehr diffuses Bild. Von vier Befragten aus den drei Sektoren wurde ausgesagt, dass die Natur näher an die Gesellschaft gebracht werden sollte. Lediglich im öffentlichen Sektor wurde von drei Befragten erwähnt, dass es keine beziehungsweise kaum Veränderung in dem soziokulturellen Nachhaltigkeitsprofil seit Gründung des Nationalparks gegeben hat. Darüber hinaus sagten drei der Befragten aus dem wirtschaftlichen und gemeinnützigen Sektor aus, dass der Stolz, in der Region zu wohnen, gestiegen sei.

Die Vernetzung mit anderen Vertreter:innen des entsprechenden Sektors ist überwiegend existent. Jedoch wurden die Potenziale bisher noch nicht vollständig ausgeschöpft. So gaben acht von 15 Befragten an, dass eine starke Vernetzung vorhanden ist, und weitere sechs erwähnten, dass die Vernetzung ausbaufähig ist.

Ein ähnliches Bild zeichnet sich in der Vernetzung mit anderen Sektoren ab. Auch hier bestehen bereits eine gute Vernetzung und Zusammenarbeit, was von allen drei Sektoren genannt wurde.

Dominant in allen Sektoren ist das Fehlen einer Vernetzung mit anderen Nationalparks und wurde von neun der Interviewpartner:innen angegeben.

Von allen drei Sektoren wird eine bessere Vernetzung der Kommunen gefordert sowie eine Steigerung des nachhaltigen Dialogs in der Gesellschaft. Besonders der öffentliche und gemeinnützige Sektor wünschen sich zusätzlich weniger Bürokratie, den Ausbau des öffentlichen Nahverkehrs und der Infrastruktur sowie mehr Veranstaltungen. Die wirtschaftlichen und gemeinnützigen Sektoren erwähnten zusätzlich den Wunsch nach einem größeren Fokus auf Kinder und Jugendliche.

In allen drei Sektoren wurde erkennbar, dass ein eher undifferenziertes Profil vorhanden ist und dass eher keine gemeinsame Identität in der Nationalparkregion vorliegend ist. Beide Aussagen wurden von jeweils sechs Vertreter:innen der Sektoren getätigt und sind somit ausschlaggebend für das Identitätsbild. Nur drei der Befragten im öffentlichen und gemeinnützigen Sektor gaben an, dass sie das Gefühl einer gemeinsamen Identität haben.

Zusammenfassend kann gesagt werden, dass es bei fünf der acht an alle Sektoren gestellten Fragen zu einer Häufung von Übereinstimmungen zwischen dem wirtschaftlichen und gemeinnützigen Sektor kam. Jedoch gab es keine Übereinstimmungen bei den Fragen der Vernetzung mit anderen Vertretern der Sektoren und der Vernetzung mit anderen Sektoren. Außerdem gab es keine Übereinstimmung bei der Frage nach der gemeinsamen Identität mit der Nationalparkregion Hunsrück-Hochwald. Lediglich bei drei der acht Fragen gab es Übereinstimmungen zwischen dem öffentlichen und gemeinnützigen Sektor. Die öffentlichen und wirtschaftlichen Sektoren sind sich hingegen nur in einer Frage einig. Dies sagt aus, dass der wirtschaftliche Sektor und der gemeinnützige Sektor tendenziell ein gemeinsames Verständnis bezüglich der soziokulturellen Nachhaltigkeit teilen. Der öffentliche Sektor interpretiert die soziokulturelle Nachhaltigkeit hingegen differenziert. Zudem steht der öffentliche Sektor deutlich näher an dem gemeinnützigen Sektor als an dem Wirtschaftssektor.

5.3. Zusammenfassende Analyse der sektorübergreifenden Ergebnisse

Zusammenfassend kann ausgesagt werden, dass der Nationalpark noch unerfahren ist, insbesondere in Bezug auf die soziokulturelle Entwicklung. Sektorübergreifend wurde empirisch festgestellt, dass die Thematik der Vernetzung mit anderen Nationalparks wenig ausgereift und kaum vorhanden ist. Die Mehrheit der Interviewpartner:innen aus allen Sektoren gab an, keine Vernetzung mit anderen Nationalparks zu haben. Drei Interviewteilnehmer:innen gaben an, dass es bereits eine starke Vernetzung mit einem anderen Nationalpark gibt, und von zwei Interviewpartner:innen wurde auf einen Optimierungsbedarf aufmerksam gemacht. Diese Ausgangslage ist auf das Alter des NLPs H-H zurückzuführen.

Ein abweichendes Bild zeichnet sich in der Vernetzung mit anderen Sektoren ab. Thematisiert wurde die Frage der sektorübergreifenden Vernetzung in 13 von 15 Interviews. Ersichtlich wurde, dass mehrheitlich eine starke Vernetzung zwischen den Sektoren vorhanden ist. Lediglich drei der Interviewteilnehmer:innen sagten aus, dass die Vernetzung ausbaufähig sei, und zwei gaben darüber hinaus an, dass es bisher noch keine beziehungsweise nur mangelhafte Vernetzungen gibt. Die Vernetzung mit anderen Sektoren zeigt somit ein vermehrt positives Bild auf und gibt einen Ausblick auf Potenzial zur Optimierung.

Ein ähnliches Bild zeichnet sich in der Vernetzung mit anderen Vertretern des entsprechenden Sektors ab. In Abbildung 4 wird aufgezeigt, dass sektorübergreifend die Mehrheit Chancen als auch Hürden in diesem Bereich sieht. Knapp die Hälfte der Befragten gab an, dass bereits eine starke Vernetzung vorhanden ist und lediglich zwei gaben an, dass bisher wenig Vernetzung stattfindet.

Abbildung 4: Häufigkeiten: Vernetzung mit Vertretern der anderen Sektoren (absolute Anzahl der Antworten pro Benennung)

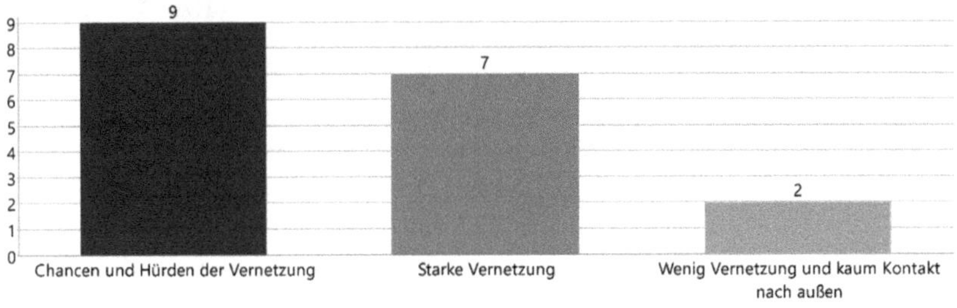

Quelle: Eigene Darstellung nach MAXQDA 2022.

Ein divergierendes Bild zeichnet sich jedoch in der Identitätsfrage auf. Trotz der vorher aufgezeigten überwiegend positiven Vernetzung und dem vielversprechenden Potenzial innerhalb der Sektoren als auch zwischen den Sektoren, ist die Identität mit einer unentschiedenen bis mangelhaften Ausprägung versehen. Dies wird in der folgenden Abbildung 5 aufgezeigt.

Abbildung 5: Häufigkeiten: Gemeinsame Identität mit der NLP (absolute Anzahl der Antworten pro Benennung)

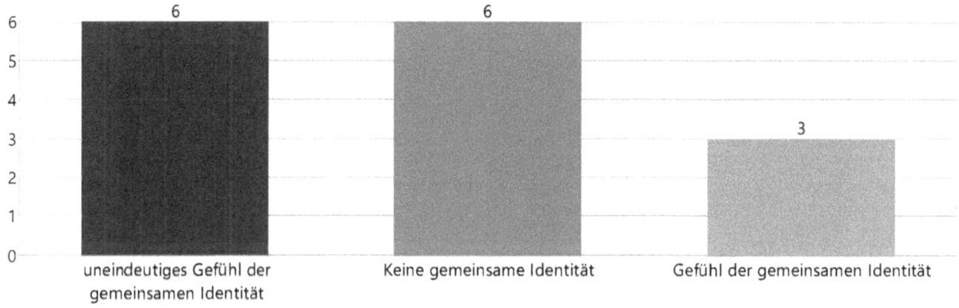

Quelle: Eigene Darstellung nach MAXQDA 2022.

Aus Abbildung 5 kann entnommen werden, dass sektorübergreifend bezüglich der gemeinsamen Identität ein Gleichgewicht zwischen einem undifferenzierten Gefühl sowie der Aussage, keine gemeinsame Identität in der Nationalparkregion zu haben, vorherrschend ist. Nur drei der Interviewteilnehmer:innen gaben an, bereits ein Gefühl der gemeinsamen Identität in der Region zu haben.

Dieses Bild spiegelt sich in dem Verständnis des Begriffs der soziokulturellen Nachhaltigkeit im Unterschied zur ökologischen Nachhaltigkeit wider. In der Abbildung 6 sind die entsprechenden Aussagen aus elf der 15 Interviews zusammengefasst worden.

Abbildung 6: Häufigkeiten: Soziokulturelle Nachhaltigkeit im Unterschied zur ökologischen Nachhaltigkeit (absolute Anzahl der Antworten pro Benennung)

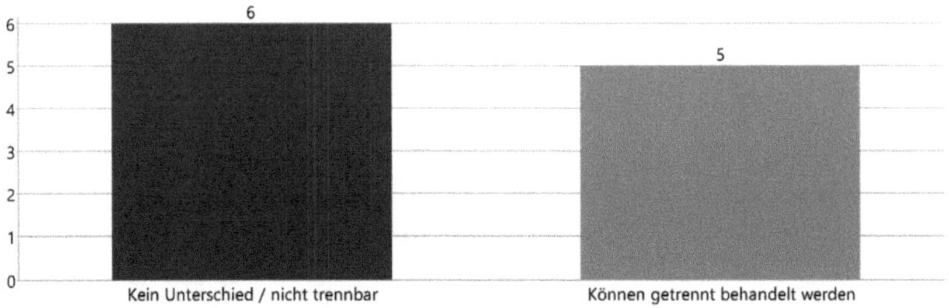

Quelle: Eigene Darstellung nach MAXQDA 2022.

Wie in Abbildung 6 deutlich wird, ist ein ausgeglichenes, aber auch unentschlossenes Verständnis der Unterschiede der Begriffe soziokulturelle und ökologische Nachhaltigkeit vorhanden. So sagten sechs von elf Interviewteilnehmer:innen aus, dass soziokulturelle Nachhaltigkeit nicht von der ökologischen Nachhaltigkeit getrennt werden kann. Jedoch erwähnten fünf der Befragten, dass diese getrennt betrachtet werden können. Damit ist deutlich, dass kein eindeutiges Begriffsverständnis vorliegt. Dies kann in Zusammenhang mit der Vernetzung mit anderen Nationalparks gebracht werden, wo die deutliche Mehrheit keine Vernetzung vorweisen kann. Dies kann wiederum auf die kurze Geschichte des NLPs H-H zurückgeführt werden.

Des Weiteren kann sektorübergreifend festgestellt werden, dass sich bezüglich der Wünsche für den NLP H-H folgende Darstellung (Abbildung 7) ergibt.

Abbildung 7: Häufigkeiten: Wünsche für den Ausbau von soziokultureller Nachhaltigkeit (absolute Anzahl der Antworten pro Benennung)

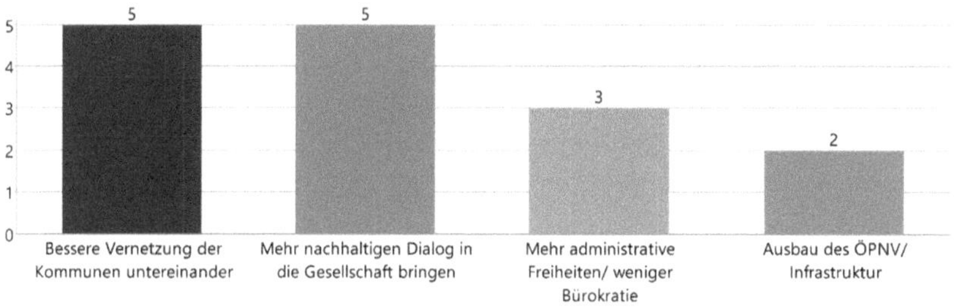

Quelle: Eigene Darstellung nach MAXQDA 2022.

Im Vordergrund sind hierbei zwei dominierende Meinungen. Zum einen besteht der Wunsch nach einer besseren Vernetzung. Zum anderen besteht der Wunsch nach einem vermehrten nachhaltigen Dialog in der Gesellschaft. Aufgrund des Anliegens nach einer besseren Vernetzung der Kommunen untereinander wurden der öffentliche und der wirtschaftliche Sektor sektorspezifisch befragt und daher in diesem Zusammenhang explizit analysiert und in der folgenden Abbildung 8 dargestellt.

Abbildung 8: Häufigkeit: Bürgerbeteiligung und Partizipation (absolute Anzahl der Antworten pro Benennung)

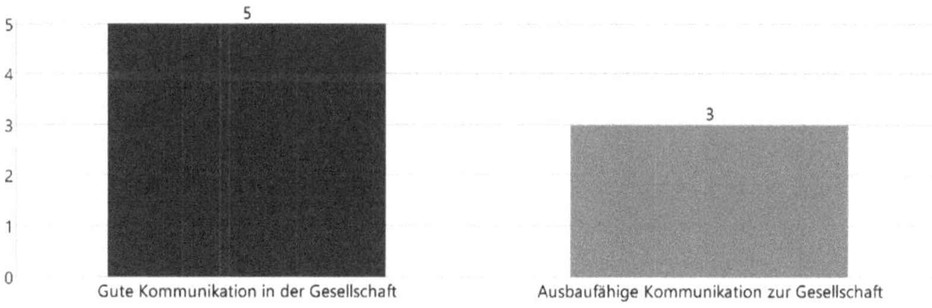

Quelle: Eigene Darstellung nach MAXQDA 2022.

Der Abbildung 8 kann entnommen werden, dass in acht von neun Interviews Stellung bezüglich der Bürgerbeteiligung und Partizipation bezogen wurde. Bei einer genauen Analyse der Aussagen des öffentlichen Sektors wird deutlich, dass alle Interviewpartner:innen angaben, eine gute Kommunikation mit der Bevölkerung zu haben. Im wirtschaftlichen Sektor wurde jedoch überwiegend ausgesagt, dass es sich um eine ausbaufähige Kommunikation handelt. Dies spiegelt sich auch in der Abbildung 7 wider. Hieraus resultiert ein Verbesserungspotenzial bei der Thematik der Bürgerbeteiligung und Kommunikation innerhalb des öffentlichen Sektors.

Bezüglich des Nachhaltigkeitsprofils ergab sich in der sektorübergreifenden Analyse, wie in Abbildung 9 ersichtlich, eine Gleichverteilung zwischen den Einstufungen, dass keine bis kaum Veränderungen in dem Nachhaltigkeitsprofil des Nationalparks seit der Gründung zu verzeichnen sind. Jedoch gab es eine Aufwertung des Gefühls, in der Region zu wohnen. Vermehrt steht der thematische Fokus auf das Nahebringen der Natur in die Gesellschaft und sieht dies als Aufgabe des Nationalparks. Ein geringer Teil der Befragten hat ein diffuses Nachhaltigkeitsverständnis in der Bevölkerung aufgezeigt. Unterkategorien, die nicht für die Analyse relevant waren, wurden nicht abgebildet, da es sich um Einzelnennungen handelt.

Abbildung 9: Häufigkeiten: soziokulturelles Nachhaltigkeitsprofil seit Gründung NLP (absolute Anzahl der Antworten pro Benennung)

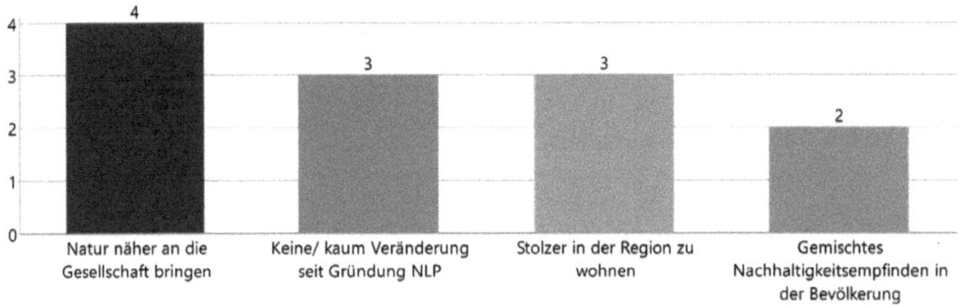

Quelle: Eigene Darstellung nach MAXQDA 2022.

Wie der Abbildung 9 entnommen werden kann, handelt es sich um ein ausgewogenes Bild bei der Betrachtung des Nachhaltigkeitsprofils, welches zwei divergierende Meinungen aufweist.

Schlussfolgernd kann anhand dieser Analyse ausgesagt werden, dass die unterschiedlichen inhaltlichen Bereiche des Interviews deutlich auf ein Handlungspotenzial in den verschiedenen Themengebieten hinweisen. Zudem zeigt die Auswertung, dass ein sektorübergreifendes Interesse bezüglich der Nationalparkthematik in der Hunsrück-Hochwald-Region sowie an der

Ausschöpfung der durch den Nationalpark gegebenen vielfältigen Potenziale besteht.

6. Zusammenfassende Betrachtung

Zusammenfassend lässt sich sagen, dass die gesamte Nationalparkregion Hunsrück-Hochwald noch vor einigen Aufgaben steht, die es zu bewältigen gilt. Es gilt, den Nationalpark und die Gemeinden zu stärkerer Kollaboration zu motivieren, um nachhaltig zu einer positiven Regionalentwicklung beizutragen. Zudem sollte auf den Aufbau eines nachhaltigen soziokulturellen und Gemeinden übergreifenden Zusammenhalts fokussiert werden, um dadurch eine eigene Nationalparkidentität zu generieren. Durch eine gemeinsame Identität kann nicht nur die Zusammenarbeit der einzelnen Organisationen und Institutionen gestärkt, sondern auch die Verbindung mit und zu der regionalen Bevölkerung gefördert werden.

6.1. Die Konturen eines Prototyps

Durch die Analyse der Nationalparkregion können die Konturen eines Prototyps der soziokulturellen nachhaltigen Entwicklung von peripheren Räumen am Beispiel der Nationalparkregion Hunsrück-Hochwald dargestellt werden.

So sollte das Selbstverständnis von Nachhaltigkeit bewusst gestaltet werden, da dieses zwar tradiert, aber unreflektiert und undifferenziert (nach Meinung der Befragten) ist. Zudem deckten die Forschungsergebnisse auf, dass der Vernetzungsgrad durchgehend auf- und ausbaufähig ist. Während die Vernetzung innerhalb der einzelnen Sektoren überwiegend als gut zu bewerten ist, ist die Vernetzung mit anderen Sektoren als mittelmäßig einzuordnen. Eine Vernetzung mit anderen Nationalparks hingegen ist kaum vorhanden. Hier wird ein nicht ausgeschöpftes Potenzial sichtbar. Darüber hinaus konnten einige Identitäts- und Entwicklungspotenziale festgestellt werden. Eine nachhaltige Identität muss in den Nationalparkgemeinden bewusst geschaffen und von diesen gelebt werden. Um dies zu erreichen, sollten Profil schärfende Maßnahmen durchgeführt werden. Ein Ausbau der Bürgerbeteiligungen ist hierfür dienlich. Die bewusste und professionelle Schaffung einer „Unique Value Proposition", die sowohl sektorübergreifend als auch unter Berücksichtigung der Positionierung anderer Nationalparks zu entwickeln ist, stellt einen möglichen Schritt in Richtung Stärkung von Identität und Image dar. Darüber hinaus ist die regelmäßige Revision der

NLP H-H Vision zur Unterstützung der andauernden Identitätsentwicklung empfehlenswert. Der Nationalpark kann somit als Fundament einer nachhaltigen Regionalentwicklung dienen und die beteiligten Gemeinden den Sprung von einer eher linearen nachhaltigen „Entwicklung" zu einer gewagten nachhaltigen „Transformation" unterstützen.

6.2. *Handlungsempfehlungen*

Das Forschungsprojekt SoNaR-P, welches sich mit soziokulturellen Räumen in der Nationalparkregion Hunsrück-Hochwald befasste, zeigt auf, dass der jüngste Nationalpark Deutschlands bereits einen gewissen Einfluss auf die angrenzenden Nationalparkgemeinden nehmen konnte. So wurde durch die primäre Datenerhebung deutlich, dass durch den Nationalpark das Themengebiet „Natur" näher an die lokale Gesellschaft gebracht wurde. Einzelne berichteten sogar von einem wachsenden Gefühl, „stolz auf die Region" zu sein, in der sie leben. Im Hinblick auf das soziokulturelle Nachhaltigkeitsprofil der Gemeinden muss jedoch unverkennbar erwähnt werden, dass der Nationalpark eher wenig an Veränderungen in den betreffenden Gemeinden seit seiner Gründung erreicht hat. Zwar ist ein Teil der Bevölkerung auf den Nationalpark aufmerksam geworden, jedoch ist das Nachhaltigkeitsempfinden der lokalen Bevölkerung der Gemeinden noch eher zu wenig ausgeprägt. Darüber hinaus liegt Optimierungsbedarf bei gemeindeübergreifenden kulturellen Angeboten vor, die ein soziokulturelles Gemeinschaftsempfinden fördern könnten.

Des Weiteren wurde in der Analyse der Auswertung deutlich, dass für die meisten Interviewteilnehmer:innen die soziokulturellen und die ökologischen Nachhaltigkeitsaspekte nicht klar unterscheidbar sind und sich daher ein eher undifferenziertes Nachhaltigkeitsverständnis ergibt. Zudem konnte eindeutig sektorübergreifend festgestellt werden, dass über alle drei Sektoren hinweg die Rolle der soziokulturellen Nachhaltigkeit für die Regionalentwicklung als fundamental empfunden wird. Im Hinblick auf die Schaffung eines Nachhaltigkeitsbewusstseins kann dies besonders dienlich sein – das Experimentieren mit diversen Kommunikationsformaten ist immer wieder geboten.

Zudem wird ein diffuses Bild in Bezug auf das Thema Vernetzung offengelegt. Die Vernetzung mit Vertreter:innen des gleichen Sektors (Vernetzung ersten Grades) wird überwiegend positiv bewertet, auch wenn diesbezüglich das Potenzial noch nicht vollständig ausgeschöpft ist. Was die Vernetzung mit Vertreter:innen anderer Sektoren betrifft (Vernetzung zweiten Grades), so kann dieses mehrheitlich als ausbaufähig interpretiert werden. Dies wird auch durch das Fehlen eines sektorübergreifenden Netzwerks belegt. Durch den Aufbau eines Kommunikationsnetzes in den Nationalparkgemeinden könnten beispielsweise sowohl gemeinsam aufkommende Hürden schneller bewältigt als auch neue Möglichkeiten für die nachhaltige Regionalentwicklung geschaffen werden. Die Vernetzung dritten Grades (Vernetzung mit anderen Nationalparks) kann als nicht vorhanden beurteilet werden. Dies ist nicht weiter verwunderlich, da für die Akteur:innen der drei Sektoren die Vernetzung untereinander zunächst einmal im Vordergrund steht. Graduell betrachtet setzt eine Vernetzung mit anderen Nationalparks die Vernetzung mit anderen Sektoren innerhalb des eigenen Nationalparks voraus. Letzteres wiederum wird durch eine ausgeprägte Vernetzung mit Akteur:innen des gleichen Sektors begünstigt.

Die gemeinsame Nationalparkidentität in den betreffenden Gemeinden betreffend, kann ein klares Urteil getroffen werden: Für die Befragten ist eine gemeinsame Identität in der Nationalparkregion eindeutig nicht vorhanden. Hierauf hat der Nationalpark offensichtlich nicht genügend Einfluss genommen. Oftmals ist dies auf die örtlichen Gegebenheiten zurückzuführen – die Landesgrenze zwischen den Gemeinden trägt wesentlich dazu bei. Nach Angaben der Befragten identifiziert sich ein Großteil der Bevölkerung mit der jeweiligen lokalen Gemeinde und/oder mit dem betreffenden Bundesland. Dies gilt es zu überwinden. Auch dafür empfiehlt sich, vermehrt in den Dialog mit der Bevölkerung einzutreten. Erst in einer weiteren Etappe sind diese generellen identitätsstiftenden Handlungsempfehlungen wiederum sektorspezifisch zu interpretieren, damit Handlungen diverser Akteur:innen als fördernd im Sinne einer ausgebauten nachhaltigen Regionalentwicklung bezeichnet werden können.

Literaturverzeichnis

AdminStat (2022): Karten, Analysen und Statistiken zur ansässigen Bevölkerung, in: urbistat.com, unter: https://ugeo.urbistat.com/AdminStat/de/de/demografia/dati-sintesi/deutschland/276/1 (Zugriff: 13.03.2022)

Böcher, Michael (2009): Faktoren für den Erfolg einer nachhaltigen und integrierten ländlichen Regionalentwicklung, in: link.springer.com, unter: https://link.springer.com/chapter/10.1007/978-3-531-91426-8_13 (Zugriff 25.02.2022)

Bolten, Anna (2021): Nur drei Prozent der Landfläche sind unberührt, in: wissenschaft.de, 16.04.2021, unter: https://www.wissenschaft.de/erde-umwelt/nur-drei-prozent-der-landflaeche-sind-unberuehrt/ (Zugriff: 27.02.2022)

Bundesministerium für Ernährung und Landwirtschaft (2020): Ländliche Regionen verstehen: Fakten und Hintergründe zum Leben und Arbeiten in ländlichen Regionen, in: bmel.de, unter: https://www.bmel.de/SharedDocs/Downloads/DE/Broschueren/LaendlicheRegionen-verstehen.pdf?__blob=publicationFile&v=14 (Zugriff: 12.02.2022)

Bundesministerium für Ernährung und Landwirtschaft (2018): Typen ländlicher Räume, in: landatlas.de, unter: https://www.landatlas.de/laendlich/typologie.html (Zugriff: 01.04.2022)

ECOreporter GmbH (2019): Umweltschutz-Ursprung: Wie alles begann, in: ecoreporter.de, 14.11.2019, unter: https://www.ecoreporter.de/artikel/geschichte-des-umweltschutzes-wie-alles-begann/ (Zugriff: 27.02.2022)

Gabler Wirtschaftslexikon (2022): soziale Nachhaltigkeit, in: wirtschaftslexikon.gabler.de, unter: https://wirtschaftslexikon.gabler.de/definition/soziale-nachhaltigkeit-53451 (Zugriff: 11.03.2022)

Gabler Wirtschaftslexikon (2022): Sozioökonomie, in: wirtschaftslexikon.gabler.de, unter: https://wirtschaftslexikon.gabler.de/definition/soziooekonomie-53796 (Zugriff: 11.03.2022)

Kuckartz, Udo (2014): Qualitative Text Analysis – A Guide to Methods, Practice & Using Software, London: Sage Publications

Kuckartz, Udo (2019): Qualitative Text Analysis: A Systematic Approach, in: Compendium for Early Career Researchers in Mathematics Education, Hrsg. Gabriele Kaiser / Nor-ma Presmeg, SpringerOpen

Küpper, Patrick (2020): Was sind eigentlich ländliche Räume?, in bpb.de, 10.07.2020, unter: https://www.bpb.de/shop/zeitschriften/izpb/laendliche-raeume-343/312687/was-sind-eigentlich-laendliche-raeume/ (Zugriff: 12.02.2022)

Landtag Rheinland-Pfalz (2018): Nationalpark als Motor für Regionalentwicklung, in: landtag.rlp.de, 29.10.2018, unter: https://www.landtag.rlp.de/de/aktuelles/detail/news/detail/News/nationalpark-als-motor-fuer-regionalentwicklung/-/-/ (Zugriff: 27.02.2022)

MAXQDA (2022): Why MAXQDA?, in: maxqda.com, 2022, unter: https://www.maxqda.com/interview-transcription-analysis (Zugriff: 28.02.22)

Nationalpark Hunsrück-Hochwald (2021): Erster Forschungsband des Nationalparks erschienen, in: nationalpark-hunsrueck-hochwald.de, 29.03.21, unter: https://www.nationalpark-hunsrueck-hochwald.de/service/aktuelles/einzelansicht/archive/2021/Maerz/article/erster-forschungsband-des-nationalparks-erschienen-1.html (Zugriff: 25.02.2022)

Nationalpark Hunsrück-Hochwald (2022): Der kurze Weg zum Nationalpark, in: nationalpark-hunsrueck-hochwald.de, unter: https://www.nationalpark-hunsrueck-hochwald.de/der-nationalpark-hunsrueck-hochwald/der-kurze-weg-zum-nationalpark.html (Zugriff: 09.03.2022)

Nationalpark Hunsrück-Hochwald (2022): Der Nationalpark Hunsrück-Hochwald, in: nationalpark-hunsrueck-hochwald.de, unter: https://www.nationalpark-hunsrueck-hochwald.de/der-nationalpark-hunsrueck-hochwald.html#:~:text=Der%20Nationalpark%20Hunsr%C3%BCck%2DHochwald%20liegt,%C3%BCber%20die%20Hochlagen%20des%20Hunsr%C3%BCcks. (Zugriff: 10.03.2022)

Nationalpark Hunsrück-Hochwald (2022): Die Nationalparkregion, in: nationalpark-hunsrueck-hochwald.de, unter: https://www.nationalpark-hunsrueck-hochwald.de/der-nationalpark-hunsrueck-hochwald/schutzgebiete-in-deutschland/die-nationalparkregion.html (Zugriff: 10.03.2022)

Nationalpark Hunsrück-Hochwald (2022): Geschichte, in: nationalpark-hunsrück-hochwald.de, 2022, unter: https://www.nationalpark-hunsrueck-hochwald.de/der-nationalpark-hunsrueck-hochwald/natur-geschichte/geschichte.html (Zugriff: 27.02.2022)

Nationalpark Hunsrück-Hochwald (2022): Nationalpark Hunsrück-Hochwald Zonierung 2020, in: nationalpark-hunsrueck-hochwald.de, unter: https://www.nationalpark-hunsrueck-hochwald.de/service/publikationen.html (Zugriff: 10.03.2022)

Nationalpark Hunsrück-Hochwald (2022): Ziele und Aufgaben, in: nationalpark-hunsrück-hochwald.de, 2022, unter: https://www.nationalpark-hunsrueck-hochwald.de/der-nationalpark-hunsrueck-hochwald/ziele-und-aufgaben-des-nationalparks.html (Zugriff: 27.02.2022)

Nationalparkamt Hunsrück-Hochwald (2020): Nachhaltige Regionalentwicklung, in: nationalpark-hunsrück-hochwald.de, Januar 2020, unter: https://www.nationalpark-hunsrueck-hochwald.de/fileadmin/website/nlp-plan/07_Regionalentwicklung_WEB_Doppelseiten.pdf (Zugriff: 27.02.2022)

Qualtrics XM (2022): Qualitative Forschung, in: qualtrics.com, 2022, unter: https://www.qualtrics.com/de/erlebnismanagement/marktforschung/qualitative-forschung/ (Zugriff: 27.02.2022)

Ruhr-Universität Bochum (2022): Qualitative Inhaltsanalyse nach Kuckartz, in: methodenzentrum.ruhr-uni-bochum.de, 2022, in: https://methodenzentrum.ruhr-uni-bochum.de/e-learning/qualitative-auswertungsmethoden/qualitative-inhaltsanalyse/qualitative-inhaltsanalyse-nach-kuckartz/ (Zugriff: 14.03.2022)

Rädiker, Stefan / Udo Kuckartz (2020): Focused Analysis of Qualitative Interviews with MAXQDA – Step by Step, MAXQDA Press

Schulz, Christoph (2019): Abholzung der Wälder – Gründe, Folgen & Lösungen, in: careelite.de, 14.06.2019, unter: https://www.careelite.de/abholzung-der-waelder-regenwald/ (Zugriff: 27.02.2022)

Thünen-Institut (2016): Erwerbstätige nach Sektoren, in: landatlas.de, unter: https://www.landatlas.de/wirtschaft/erwerbssektoren.html (Zugriff: 05.04.2022)

Thünen-Institut (2018): Typen ländlicher Räume, in: landatlas.de, unter: https://www.landatlas.de/laendlich/typologie.html (Zugriff: 05.04.2022)

Trippel, Katja (2022): So wundervoll wild ist Deutschlands jüngster Nationalpark, in: geo.de, 2022, unter: https://www.geo.de/reisen/reiseziele/16891-rtkl-hunsrueck-hochwald-so-wundervoll-wild-ist-deutschlands-juengster (Zugriff: 28.02.2022)

Universität Leipzig (2022): Qualitativ vs. Quantitativ in: home.uni-leipzig.de, 2022, unter: https://home.uni-leipzig.de/methodenportal/qualivsquanti/ (Zugriff: 14.03.2022)

Von Weizsäcker, Richard (o.J.), in: gutezitate.com, unter: https://gutezitate.com/zitat/112775 (Zugriff: 27.02.202)

Anhang

A. Demografische Daten der Nationalparkregion aus dem Jahr 2019

Gemeinde	Birken-feld (Nahe)	Idar-Ober-stein	Rhau-nen	Herrste in	Baum-holder	Thal-fang	Her-meskeil	Nonn-weiler	Noh-felden
Region	Rhein-land-Pfalz	Rhein-land-Pfalz	Rhein-land-Pfalz	Rhein-land-Pfalz	Rhein-land-Pfalz	Rhein-land-Pfalz	Rhein-land-Pfalz	Saar-land	Saar-land
Provinz	Birken-feld	Birken-feld	Birken-feld	Birken-feld	Birken-feld	Bern-kastel-Wittlich	Trier-Saar-burg	St. Wen-del	St. Wendel
Einwohner: innen (2019)	7.016	28.520	2.154	823	4.257	1.803	6.638	8.416	9.878
Anteil Män-ner in % (2019)	50,8	48,7	49,8	48,5	48,5	48,9	51,0	50,5	49,7
Anteil Frau-en in % (2019)	49,2	51,3	50,2	51,5	51,5	51,1	49,0	49,5	50,3
Durchschnit tsalter (2019)	43,4	46,8	43,6	53,3	42,6	47,2	42,9	47,7	47,4
Bevölke-rungsent-wicklung: durch-schnittliche jährliche Ab-weichung in % (2014 bis 2019)	+0,58	+0,26	+0,29	-0,92	+0,99	-0,12	+2,70	-0,64	-0,17

Quelle: Eigene Darstellung nach: AdminStat (2022): Karten, Analysen und Statistiken zur ansässigen Bevölkerung.

B. Interviewleitfaden für den öffentlichen Sektor:

Leitfaden für das Interview

1. Welche Rolle spielt Nachhaltigkeit für die soziokulturelle Entwicklung in Ihrer Gemeinde (in der Nationalparkregion Hunsrück-Hochwald) aus Ihrer Sicht?
2. Was bedeutet soziokulturelle Nachhaltigkeit für Sie? Im Unterschied zu ökologischer Nachhaltigkeit (wenn Sie an den Nationalpark denken)?
3. Wie würden Sie das soziokulturelle Nachhaltigkeitsprofil Ihrer Gemeinde seit der Gründung des Nationalparks Hunsrück-Hochwald charakterisieren?
4. Wie gut ist die Vernetzung mit anderen Vertretern (vom gleichen Sektor) in der Nationalparkregion?
5. Wie gut ist die Vernetzung mit anderen Vertretern (von den anderen Sektoren) in der Nationalparkregion?
6. Wie gut ist die Vernetzung mit anderen Nationalparkregionen (z.B. Schwarzwald)?
7. Was wünschen Sie sich (bitte ignorieren Sie die konkreten Restriktionen) noch für den Profilausbau der soziokulturellen Nachhaltigkeit in der Nationalparkregion?
8. Würden Sie von einer gemeinsamen Identität der Nationalparkregion ausgehen? Welche? Welche Rolle spielt dabei das Thema Nachhaltigkeit?
9. Inwieweit spielt das Thema Bürgerbeteiligung / Partizipation bei dem Ausbau von Nachhaltigkeitsprofil in Ihrer Gemeinde eine Rolle?
10. Wie schätzen Sie die Lage der bürokratischen Hürden im Hinblick auf die Zusammenarbeit in der Nationalparkregion ab?

C. Interviewleitfaden für den wirtschaftlichen Sektor:

Leitfaden für das Interview

1. Welche Rolle spielt Nachhaltigkeit für die soziokulturelle Entwicklung in Ihrer Gemeinde (in der Nationalparkregion Hunsrück-Hochwald) aus Ihrer Sicht?
2. Was bedeutet soziokulturelle Nachhaltigkeit für Sie? Im Unterschied zu ökologischer Nachhaltigkeit (wenn Sie an den Nationalpark denken)?
3. Wie würden Sie das soziokulturelle Nachhaltigkeitsprofil Ihrer Gemeinde seit der Gründung des Nationalparks Hunsrück-Hochwald charakterisieren?
4. Wie gut ist die Vernetzung mit anderen Vertretern (vom gleichen Sektor) in der Nationalparkregion?
5. Wie gut ist die Vernetzung mit anderen Vertretern (von den anderen Sektoren) in der Nationalparkregion?
6. Wie gut ist die Vernetzung mit anderen Nationalparkregionen (z.B. Schwarzwald)?
7. Was wünschen Sie sich (bitte ignorieren Sie die konkreten Restriktionen) noch für den Profilausbau der soziokulturellen Nachhaltigkeit in der Nationalparkregion?
8. Würden Sie von einer gemeinsamen Identität der Nationalparkregion ausgehen? Welche? Welche Rolle spielt dabei das Thema Nachhaltigkeit?
9. Welche Impulse / Änderungen gibt es in der regionalen Wirtschaft?
10. Welche Impulse / Änderungen gibt auf der Verbraucherseite / neue Nachfrage?
11. Welche Impulse / Änderungen gibt es im Bereich Tourismus?

D. Interviewleitfaden für den gemeinnützigen Sektor:

Leitfaden für das Interview

1. Welche Rolle spielt Nachhaltigkeit für die soziokulturelle Entwicklung in Ihrer Gemeinde (in der Nationalparkregion Hunsrück-Hochwald) aus Ihrer Sicht?
2. Was bedeutet soziokulturelle Nachhaltigkeit für Sie? Im Unterschied zu ökologischer Nachhaltigkeit (wenn Sie an den Nationalpark denken)?
3. Wie würden Sie das soziokulturelle Nachhaltigkeitsprofil Ihrer Gemeinde seit der Gründung des Nationalparks Hunsrück-Hochwald charakterisieren?
4. Wie gut ist die Vernetzung mit anderen Vertretern (vom gleichen Sektor) in der Nationalparkregion?
5. Wie gut ist die Vernetzung mit anderen Vertretern (von den anderen Sektoren) in der Nationalparkregion?
6. Wie gut ist die Vernetzung mit anderen Nationalparkregionen (z.B. Schwarzwald)?
7. Was wünschen Sie sich (bitte ignorieren Sie die konkreten Restriktionen) noch für den Profilausbau der soziokulturellen Nachhaltigkeit in der Nationalparkregion?
8. Würden Sie von einer gemeinsamen Identität der Nationalparkregion ausgehen? Welche? Welche Rolle spielt dabei das Thema Nachhaltigkeit?
9. Welche Impulse / Änderungen gibt es in dem regionalen Kulturangebot (in Ihrer Organisation?)
10. Welche Impulse / Änderungen gibt es in der regionalen Kulturnachfrage (in Ihrer Organisation?)
11. Wie schätzen Sie das Potenzial für das Thema Nachhaltigkeit und Kultur in der Nationalparkregion?
12. Wie zufrieden sind Sie mit Ihrer Positionierung / Ihrem Erfolg als Kulturanbieter in der Nationalparkregion?

Uwe Schikorr

Der Nationalpark Hunsrück-Hochwald – Namenspatron und Impulsgeber in der Region

Der Nationalpark Hunsrück-Hochwald wurde im Frühjahr 2015 eröffnet. Er umfasst eine Fläche von 10.150 Hektar. Rund 1.000 Hektar liegen im Bundesland Saarland, etwa 9.150 Hektar im Südwesten von Rheinland-Pfalz. Er ist bis heute (2023) der jüngste der insgesamt 16 deutschen Nationalparks. Weltweit gibt es knapp 4.000 Nationalparks mit ganz unterschiedlicher Flora und Fauna.[1] Sein wesentlicher naturschutzfachlicher Schutzzweck ist die Erhaltung und Entwicklung von heimischen Rotbuchenwäldern und natürlichen Hangbrüchern (Hangmooren). Ein Einstieg zu diesen Themen ist die Homepage des Nationalparks: www.nlphh.de.

In diesem Aufsatz soll auf die mit dem Nationalpark verbundenen Aufgaben und Potenziale für die Entwicklung der Region eingegangen werden. Das Naturschutzkonzept soll an dieser Stelle in den Hintergrund treten, wiewohl es natürlich die Hauptaufgabe für die Administration eines Nationalparks ist. Die Betrachtung erfolgt aus der Perspektive des Nationalparkamtes Birkenfeld.

1 Nationale Naturlandschaften, https://nationale-naturlandschaften.de/wissensbeitraege/nationalparks-in-der-welt, aufgerufen am 02.01.2023.

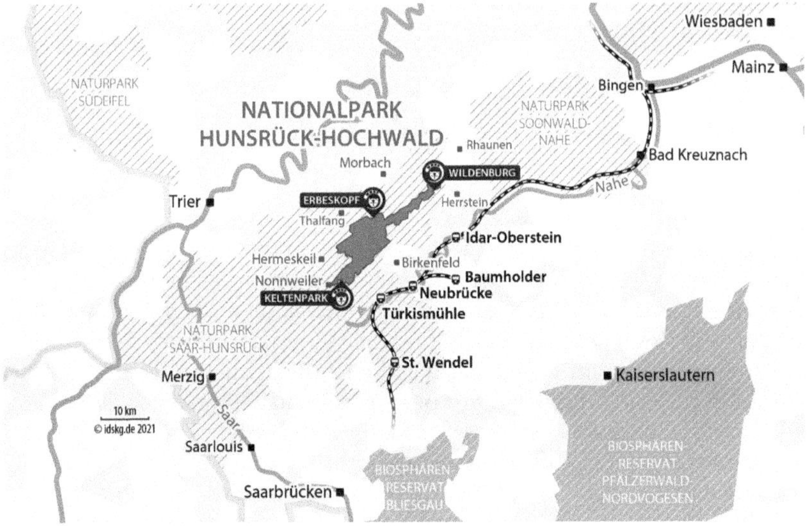

© Nationalparkamt Birkenfeld, 2023

1. Gesetzlicher Rahmen

Die Gründung des Nationalparks fand durch Zustimmung zu einem Nationalparkgesetz durch die Landtage von Rheinland-Pfalz und dem Saarland statt. Vorangegangen war in Rheinland-Pfalz eine landesweite Suche nach einem geeigneten Standort, welcher auch von der Mehrheit der angrenzenden Einwohner akzeptiert werden würde. Eine Besonderheit dieses Parks ist im Vergleich zu allen anderen deutschen Nationalparks übrigens das gesetzlich verankerte Mitbestimmungsrecht der Institution Nationalparkversammlung, in welcher eine Vielzahl von Stakeholdern regelmäßig zur Mitarbeit aufgerufen ist.

Der Gedanke zur Ausweisung von Nationalparks scheint aus dem frühen 19. Jahrhundert zu stammen und an mehreren Stellen auf der Welt formuliert worden zu sein. Der 1869 in den USA gegründete Yellowstone-Nationalpark dürfte als die erste als Nationalpark gegründete Naturschutzzone gelten.[2]

2 Wikipedia.de – „Nationalpark", aufgerufen am 02.01.2023.

Der Nationalpark Hunsrück-Hochwald ist zunächst ein sogenannter Entwicklungsnationalpark. Das bedeutet: In einem bis zu 30-jährigen Zeitraum, d. h. bis zum Jahr 2045, sind in begrenztem Umfang unterstützende Maßnahmen im Hinblick auf den Schutzzweck des Parks zulässig.

Definition „Nationalpark“
Die Internationale Union zum Schutz der Natur (IUCN) kategorisiert Wildnis- und andere Schutzgebiete weltweit, um bei ggf. unterschiedlichem Sprachgebrauch eine Vergleichbarkeit der Gebiete sicherzustellen.[3] *Der Nationalpark Hunsrück-Hochwald fällt in die Kategorie II und ist wie folgt klassifiziert: „Schutzgebiete der Kategorie II sind zur Sicherung großräumiger ökologischer Prozesse ausgewiesene, großflächige natürliche oder naturnahe Gebiete oder Landschaften samt ihrer typischen Arten- und Ökosystemausstattung, die auch eine Basis für umwelt- und kulturverträgliche geistig-seelische Erfahrungen und Forschungsmöglichkeiten bieten sowie Bildungs-, Erholungs- und Besucherangebote machen.“*

Das deutsche Umweltrecht stellt für die gesetzliche Schutzkategorie „Nationalpark“ auch einen Bezug zu der im Jahr 2015 beim UN- Nachhaltigkeitsgipfel verabschiedeten Agenda 2030, wo 17 Nachhaltigkeitsziele definiert wurden.[4] Die Bundesregierung hat daraufhin die Deutsche Nachhaltigkeitsstrategie – Neuauflage 2016 beschlossen. Dort werden die Wildnisziele zur biologischen Vielfalt bestätigt.[5]

Die IUCN und die Deutsche Nachhaltigkeitsstrategie geben den übergeordneten Ordnungs- und Zielrahmen. Für die formale und sachliche Einrichtung eines Nationalparks gibt es das Bundesnaturschutzgesetz (BNatSchG). § 24 definiert sie im ersten und zweiten Absatz.

Nationalparks sind Flächen, die

- großräumig, weitgehend unzerschnitten und von besonderer Eigenart sind,
- in einem überwiegenden Teil ihres Gebiets die Voraussetzungen eines Naturschutzgebiets erfüllen und
- sich in einem überwiegenden Teil ihres Gebiets in einem vom Menschen nicht oder wenig beeinflussten Zustand befinden oder geeignet sind,

---

3 EUROPARC Deutschland e.V. (2010): Richtlinien für die Anwendung der IUCN-Managementkategorien für Schutzgebiete, Berlin. Deutsche Übersetzung von: Dudley, N. (Editor) (200) Guidelines for Applying Protected Area Management Categories, Gland: IUCN.

4 Bundesministerium für Umwelt, Naturschutz und nukleare Sicherheit: Die 2030-Agenda für Nachhaltige Entwicklung: https://www.bmuv.de/themen/nachhaltigkeit-internationales/nachhaltige-entwicklung/2030-agenda/, aufgerufen am 29.01.2020.

5 Bundesministerium für Umwelt, Naturschutz und nukleare Sicherheit: Deutsche Nachhaltigkeitsstrategie: https://www.bmuv.de/themen/nachhaltigkeit-internationales/nachhaltige-entwicklung/strategie-und-umsetzung/nachhaltigkeitsstrategie/, aufgerufen am 29.01.2020.

sich in einen Zustand zu entwickeln oder in einen Zustand entwickelt zu werden, der einen möglichst ungestörten Ablauf der Naturvorgänge in ihrer natürlichen Dynamik gewährleistet.

Sie haben zum Ziel,

- in einem überwiegenden Teil ihres Gebiets den möglichst ungestörten Ablauf der Naturvorgänge in ihrer natürlichen Dynamik zu gewährleisten und – soweit der Schutzzweck es erlaubt –
- die wissenschaftliche Umweltbeobachtung zu unterstützen,
- die naturkundliche Bildung zu fördern und
- dem Naturerlebnis der Bevölkerung zu dienen.

Der ungestörte Ablauf der Naturvorgänge wird allgemein das „Wildnisziel" genannt – die Verbindung zu den Biodiversitäts- und Nachhaltigkeitszielen. Das sogenannte „Natur sein lassen" ist das darauf abgestellte Motto für die Öffentlichkeit, das einem in allen Deutschen Nationalparks immer wieder begegnet. Diesem Ziel sind alle anderen Ziele untergeordnet.

Zusammengefasst findet sich das Gesagte in einem Staatsvertrag (siehe auch: www.nlphh.de – Suchbegriff „Staatsvertrag") zwischen den Bundesländern Rheinland-Pfalz und Saarland zur Gründung des Nationalparks Hunsrück-Hochwald vom 04.10. wieder. Er basiert auf dem Gründungsgesetz und beschreibt die Zielsetzungen dieses Nationalparks noch detaillierter:

„Der Nationalpark ist Teil des Biotopverbundes des Bundes und der Länder Rheinland-Pfalz und Saarland. Der günstige Erhaltungszustand der im Gebiet vorkommenden Lebensraumtypen und Arten nach EU Flora-, Fauna-, Habitat- (FFH-) und Vogelschutzrichtlinie ist zu schützen, zu bewahren oder wiederherzustellen."

Auf diese Fachspezifika des Naturschutzes gehen andere Aufsätze besser ein, wichtig ist an dieser Stelle nur der Hinweis, dass beim Thema Nationalparkregion nicht aus dem Blick gerät, worum es im Kern eines Nationalparks zunächst einmal vorrangig geht.

Der Staatsvertrag geht in allgemeiner Form auf die örtlichen Gegebenheiten ein:

„Soweit es mit dem Zweck vereinbar ist, sollen darüber hinaus

- die Lebensräume heimischer Tier- und Pflanzenarten erhalten und entwickelt, Störungen von ihnen ferngehalten und die natürliche Wiederansiedlung verdrängter Arten ermöglicht werden,
- die besondere Eigenart, landschaftliche Schönheit, Ruhe und Ungestörtheit des Gebiets bewahrt oder wiederhergestellt werden,

- kulturhistorisch und naturgeschichtlich wertvolle Denkmale und Flächen einschließlich ihrer Zugänglichkeit erhalten bleiben,
- Biologie und Dynamik der Lebensgemeinschaften des Nationalparks sowie Klimawandelfolgen wissenschaftlich beobachtet und erforscht werden sowie
- das Gebiet der Bevölkerung zu Erholungs- und Bildungszwecken barrierefrei zugänglich gemacht und insoweit erschlossen werden."

© Nationalparkamt Birkenfeld, Konrad Funk – Moorlandschaft im Nationalpark Hunsrück-Hochwald

Dieser Nationalpark soll auch in den Bereichen Kulturhistorie und Naturgeschichte, Beobachtung der Klimawandelfolgen und Barrierefreiheit tätig werden.

Die formalen und sachlichen Grundlagen für den Nationalpark Hunsrück-Hochwald sind damit beschrieben. Eine Nationalparkverwaltung, bestehend aus Nationalpark-Rangern, Ingenieuren, Wissenschaftlern, Medienschaffenden und einer Verwaltung, insgesamt 56 Menschen (Stand 01.2023), unterstützt durch eine Vielzahl von Zeitkräften und Praktikant:innen, ergeben das Nationalparkamt in Birkenfeld. Die Rolle des Amtes ist die eines „Protagonisten für die Wildnisziele", aber auch die eines potenziellen Initiators und Unterstützers zu allen infrage kommenden regionalen Themenfeldern rund um die Wirkungen und Potenziale des Nationalparks.

2. Nachhaltigkeit

Bevor die Arbeit der Beschäftigten durch die Brille soziokultureller und sozioökonomischer Fokussierung betrachtet wird, lohnt sich vielleicht noch einmal ein kurzer Exkurs in die Nachhaltigkeitstheorie. Er soll deutlich machen, wo die Ansatzpunkte zu nachhaltiger Regionalentwicklung aus unserem Nationalpark herkommen können. Er zeigt auch die Komplexität und Dynamik des Themas, und die Grenzen nachhaltiger Impulse auf.

Niemand bestreitet mehr: Nachhaltigkeit ist ein wichtiges Thema, welches sich auf die Fähigkeit einer Gesellschaft oder eines Ökosystems bezieht, langfristig zu überleben und sich zu entwickeln. Dieser Nationalpark ist dem daneben gesetzt ein ehemaliger deutscher Staatswald, der seit der postnapoleonischen Zeit planmäßig, sachkundig, und nachhaltig bewirtschaftet wurde, durch Förster:innen. Ja und?

Nachhaltigkeit als historischer Fachterminus der deutschen Forstwirtschaft

Nachhaltigkeit ist für die deutsche Forstwirtschaft ein alter und fest verankerter Begriff. Die Betonung „deutsch" ist beim historischen Rückblick zweckmäßig.

Hans-Carl von Carlowitz, geboren 1645 in der Nähe von Chemnitz, war eigentlich ein Bergbau-Fachmann und verantwortlich für, wie man heute sagt, das Supply-Chain-Management. Holz war seinerzeit Rohstoff für alle Bereiche des Lebens. Für den Bergbau wurden enorme Mengen an Energieholz benötigt. Jahrhundertelanger Raubbau brachte den Wald als Holzlieferant in großen Teilen von Deutschland schließlich in Bedrängnis. Von Carlowitz gilt als erster Fachmann, der daraufhin ein dauerhaftes forstliches Planungsverfahren einführte. Es sah nicht nur die Abholzung, sondern auch die Neubegründung von Wald, und als Letztes ein Verbot der Übernutzung vor. Das war in der damals bekannten Welt der Europäer ziemlich einmalig. Die Forstwissenschaft entstand schließlich im 19. Jahrhundert auch in Deutschland. Förster:innen, wie wir sie heute kennen, auch.

Forstliche Nachhaltigkeit bezieht sich also auf die Fähigkeit von Wäldern, langfristig zu überleben und sich zu entwickeln, während sie gleichzeitig den Bedürfnissen der Menschen und der Umwelt gerecht werden. Ein wichtiger Bestandteil von forstlicher Nachhaltigkeit ist die Aufforstung und der Schutz von Wäldern, um sicherzustellen, dass es auch in Zukunft genügend Bäume gibt. Forstliche Nachhaltigkeit umfasst auch die nachhaltige Bewirtschaftung von Wäldern, indem Ressourcen wie Holz und Naturprodukte wie Honig oder Obst in einem Maße genutzt werden, die es ermöglicht, den Wald langfristig zu erhalten. Die Erhaltung von Artenvielfalt und

Ökosystemen im Wald ist ebenfalls ein wichtiger Aspekt von forstlicher Nachhaltigkeit.

Forstliche Nachhaltigkeit heute

Die deutsche Forstwirtschaft hat in den letzten Jahrzehnten weitere Fortschritte in Richtung Nachhaltigkeit gemacht und setzt sich nicht nur für die Erhaltung und Entwicklung, sondern auch für Prozessschutz in Wirtschaftswäldern ein. Das ist nötig geworden, weil einerseits die Nachfrage nach dem Rohstoff Holz ungebrochen ist. Gleichzeitig wuchsen die Erkenntnisse über die Grenzen nachhaltiger Bodenleistungsfähigkeit und nachhaltige wirtschaftliche Nutzungsmethoden. Die geradezu einschleichenden Wirkungen des Klimawandels in den letzten Jahrzehnten schließlich haben ganz neue Aspekte forstlicher Nachhaltigkeit sichtbar gemacht und viele „gesicherten Erkenntnisse“ verunsichert. Infolge hat auch Deutschland mittlerweile ein umfangreiches Netz von Schutzgebieten und Naturschutzgebieten, in denen die Forstwirtschaft besonders restriktiv geregelt ist und in denen der Schutz der Natur Vorrang hat. Strengere gesetzliche Vorschriften und Förderverfahren sollen sicherstellen, dass die Forstwirtschaft in Deutschland in zeitgemäßer Nachhaltigkeit betrieben wird.

Welcher Wald war denn nun derjenige, der an den neuen Nationalpark in 2015 übergeben wurde? Niemand wird ernsthaft bestreiten, dass es ein vorbildlich, aber eben auch „klassisch forstlich nachhaltig“ bewirtschafteter Wald war, eben vorrangig zur Sicherung der Rohstoffnachhaltigkeit bewirtschaftet. Die Nationalparkverwaltung und alle mit unterstützenden Stakeholder haben nun den Auftrag, einen Nationalpark daraus entstehen zu lassen, mit allen Facetten, wie bereits beschrieben. Wenig tun oder besser gar nichts ist für die Wildnisziele der neue Weg, aber wie sieht es mit den Aufgaben hinsichtlich seines Beitrags zur nachhaltigen sozio-kulturellen Entwicklung in der Region aus? Reicht „Natur Natur sein lassen“ auch hier aus? An dieser Stelle lohnt ein Blick auf die Facetten des international verwandten Begriffs der „Sustainablility“.

Sustainability – mehr als die Prinzipien aus der forstlichen Nachhaltigkeit

Der Begriff „Nachhaltigkeit“ und das englische Wort „Sustainability“ beziehen sich auf die Fähigkeit von Gesellschaften, Ökosystemen und Ressourcen, langfristig zu überleben und sich zu entwickeln, während sie gleichzeitig den Bedürfnissen der Menschen und der Umwelt gerecht werden. Der Begriff „Nachhaltigkeit“ wird oft in Bezug auf die Umwelt verwendet und bezieht sich auf die Fähigkeit von Ökosystemen, sich selbst zu erhalten und die Ressourcen, die sie bereitstellen, auf lange Sicht zur Verfügung zu stellen. Das Wort „Sustainability" wird oft in einem breiteren Kontext verwendet und bezieht sich auf die Fähigkeit von Gesellschaften, ihre Entwicklung auf lange Sicht zu sichern, indem sie ihre Ressourcen und die Umwelt schonen und die sozialen Bedürfnisse der Menschen berücksichtigen. In beiden Fällen geht es darum, die Zukunft zu sichern und die Lebensgrundlagen für künftige Generationen zu bewahren.

Nachhaltigkeit oder Sustainability, was „kann" ein Nationalpark?

Nachhaltigkeit spielt in einem Nationalpark eine besonders wichtige Rolle, da der Schwerpunkt der Arbeit in einem Nationalpark darauf liegt, die natürliche Umwelt und die Artenvielfalt zu schützen und zu erhalten. Ein Nationalpark ist ein Schutzgebiet, in dem die Natur im Vordergrund steht und in dem die menschliche Nutzung nur in einem sehr beschränkten Maße erlaubt ist. Um die Nachhaltigkeit eines Nationalparks zu sichern, werden Maßnahmen ergriffen, um die natürlichen Ressourcen zu schonen und zu erhalten und die Auswirkungen menschlicher Aktivitäten auf die Natur zu minimieren. Dies kann zum Beispiel durch die Einrichtung von Besucherzentren und -wegen, die Einführung von Regeln für die Nutzung des Parks und die Zusammenarbeit mit den lokalen Gemeinden erreicht werden. Es ist wichtig, dass der Nationalpark in einem breiteren ökologischen und sozialen Kontext betrachtet wird und dass die Auswirkungen auf das Ökosystem und die Menschen in der Region berücksichtigt werden. Sustainability ist darum an dieser Stelle der treffendere Begriff.[6]

6 Anmerkung: Der Abschnitt Nachhaltigkeit wurde mit Unterstützung von ChatGPT (https://chat.openai.com/chat) nach einem Chat zu diesem Thema geschrieben.

© Nationalparkamt Birkenfeld, Konrad Funk, 2023 – Buchenwald im Nationalpark Hunsrück-Hochwald in der Reife- und Zerfallsphase

Naturschutz ist letztendlich Prozessschutz – und dann entsteht etwas Neues

„Prozessschutz“ meint die Maßnahmen, die ergriffen werden, um den Prozess der natürlichen Entwicklung im Nationalpark zu schützen und zu fördern. Ein Nationalpark ist in der Regel ein Schutzgebiet, in dem die Natur im Vordergrund steht und in dem die menschliche Nutzung in einem beschränkten Maße erlaubt ist. Der Prozessschutz in einem Nationalpark zielt darauf ab, die natürlichen Prozesse im Park, wie zum Beispiel das Wachstum von Pflanzen, das Verhalten von Tieren und die dynamischen Wechselwirkungen zwischen den verschiedenen Elementen des Ökosystems, zu erhalten und zu fördern. In den sogenannten Wildniszonen des Parks (mindestens 75 % der Gesamtfläche) setzt die Nationalparkverwaltung alles daran, den Prozessschutz vollständig durchzusetzen. Es handelt sich um das bereits erwähnte „Natur Natur sein lassen“ des Nationalparks. Auf maximal 25 % der Parkfläche dürfen, wohlbegründet und in geringem Umfang, Maßnahmen zur Förderung des Schutzzwecks durchgeführt werden.

Naturschutz und Nachhaltigkeit: unterschiedliche Konzepte mit einer Schnittmenge

Naturschutz und Nachhaltigkeit sind zwei Konzepte, die sich auf die natürliche Umwelt und die Ressourcen beziehen und die darauf abzielen, die Lebensgrundlagen für künftige Generationen zu sichern. Es gibt jedoch auch einige Unterschiede zwischen den beiden Konzepten. Naturschutz zielt darauf ab, die natürliche Umwelt und die Artenvielfalt zu schützen und zu erhalten, indem Schutzgebiete eingerichtet werden und Maßnahmen ergriffen werden, um die Auswirkungen menschlicher Aktivitäten auf die Natur zu minimieren. Nachhaltigkeit bezieht sich auf die Fähigkeit von Gesellschaften, Ökosystemen und Ressourcen, langfristig zu überleben und sich zu entwickeln, während sie gleichzeitig den Bedürfnissen der Menschen und der Umwelt gerecht werden. Der Fokus liegt darauf, die Ressourcen und die Umwelt zu schonen und zu erhalten, indem die menschliche Nutzung in einem nachhaltigen Rahmen erfolgt, der die Bedürfnisse der aktuellen Generationen befriedigt, ohne die Fähigkeit künftiger Generationen zu gefährden, ihre eigenen Bedürfnisse zu befriedigen. Im Gegensatz zum Naturschutz, der hauptsächlich auf den Schutz von Pflanzen und Tieren abzielt, umfasst Nachhaltigkeit auch Aspekte wie wirtschaftliche Entwicklung, soziale Gerechtigkeit und ökologische Belastung.

3. Ein Nationalpark und seine Auswirkung auf die Regionalentwicklung

Ein Nationalpark kann Auswirkungen auf die Regionalentwicklung haben, indem er die Attraktivität der Region für Touristen und Besucher erhöht und somit neue wirtschaftliche Möglichkeiten für die Region schafft. Der Nationalpark kann zum Beispiel neue Arbeitsplätze im Tourismus- und Freizeitsektor schaffen und die lokale Wirtschaft durch den Kauf von Waren und Dienstleistungen von lokalen Unternehmen stimulieren. Der Nationalpark kann auch dazu beitragen, die Region als attraktive Wohn- und Lebensumgebung zu stärken, was zu einem Bevölkerungswachstum und einer Verbesserung der Lebensqualität beitragen kann. Er kann auch dazu beitragen, dass die Region bekannter wird und somit die Wertschätzung für die Region und ihre Einzigartigkeit erhöht wird. Der Nationalpark kann auch Auswirkungen auf die Region haben, indem er als Schulungs- und Bildungsressource für die lokale Bevölkerung dient und dazu beiträgt, das Bewusstsein für die Umwelt und die natürlichen Ressourcen zu schärfen. Andererseits kann ein Nationalpark auch zurückführende Auswirkungen auf die Regionalentwicklung haben, indem er bestimmte Nutzungsmöglichkeiten, wie zum Beispiel die Landwirtschaft oder die Forstwirtschaft, einschränkt, die für die lokale Bevölkerung oder die Wirtschaft wichtig sind. Aus diesem Grund ist es wichtig, dass der Nationalpark in einem breiteren ökologischen und sozialen Kontext betrachtet wird und dass die Auswirkungen auf das Ökosystem und die Menschen in der Region berücksichtigt werden.

Übersetzt auf den Nationalpark Hunsrück-Hochwald heißt das…

Die Arbeit der Nationalparkverwaltung in Birkenfeld kostet jährlich gut 5 Millionen Euro (2023), davon sind mehr als 2 Millionen Euro Sachausgaben. In der Nationalparkregion Hunsrück-Hochwald wurden damit seit 2015 eine Reihe neuer Arbeitsplätze geschaffen, Menschen umgeschult, Erst- und Folgeinvestitionen in Gang gebracht, neue Einzel- und Daueraufträge an Dienstleister erteilt, verschiedene Projekte mit oder ohne Beteiligung von Stakeholdern aufgesetzt, und die Tourismusentwicklung unterstützt. Eine systematische Untersuchung der regionalwirtschaftlichen Effekte steht noch aus. Eine repräsentative Akzeptanzuntersuchung der Besuchererwartungen und -erfahrungen im Nationalpark in 2022[7] zeigt jedoch deutlich die Erwartung und Einschätzung der Parkbesucher:innen, dass der Nationalpark in ökonomischer Hinsicht ein Entwicklungsmotor ist. Auch soziokulturell scheint der Nationalpark durch individuelles Naturerleben neue Einsichten zu vermitteln. Über 85 % der Befragten sind überzeugt, dass der Nationalpark Hunsrück-Hochwald das Image der Region verbessert, das Wohnumfeld attraktiver macht und den Tourismus stärkt. Eine Mehrheit verknüpft den Prozessschutzgedanken mit der Erkenntnis, dass Naturerhaltung auch bedeutet, auf eigenen Nutzen (hier vor allem: das freie Betretungsrecht) zu verzichten. Der Unterschied zwischen Kulturlandschaft und Naturlandschaft wird ebenfalls für einen Großteil der Besucher:innen deutlich.

Im Allgemeinen erwarten Besucher von einem Nationalpark, dass sie die Möglichkeit haben, die Natur und die Landschaft des Parks zu erkunden und zu beobachten. Sie erwarten auch, dass der Nationalpark ein sicheres und sauberes Umfeld bietet und dass die natürliche Schönheit des Parks erhalten bleibt. Manche Besucher erwarten auch, dass der Nationalpark eine Vielzahl von Freizeitaktivitäten anbietet, wie Wandern, Radfahren, Kanufahren oder Vogelbeobachtung. Andere Besucher möchten möglicherweise mehr über die Geschichte und Kultur der Region erfahren und erwarten, dass der Nationalpark Informationen und Ressourcen für die Erkundung dieser Aspekte bereitstellt. Es ist wichtig, dass der Nationalpark den Bedürfnissen und Erwartungen der Besucher gerecht wird, während gleichzeitig sichergestellt wird, dass der Schutz der Natur und der Erhalt der natürlichen Schönheit des Parks im Vordergrund stehen.

7 NLP-Amt Birkenfeld und Universität Koblenz, Besucherumfrage 2022 mit 1.650 Interviews im Nationalpark Hunsrück-Hochwald, Auswertung zur Zeit der Erstellung dieses Artikels noch im Gang.

4. Umweltbildung ist Kernauftrag der NLP-Verwaltung

Der Nationalparkplan 2020,[8] Modul Umweltbildung, S. 12 ff., beschreibt, was dazu auf der Agenda dieses Parks steht: „Die Bildungsangebote des Nationalparks sollen den Teilnehmerinnen und Teilnehmern Handlungsmöglichkeiten im Alltag und im näheren Umkreis aufzeigen. Ziel ist es, den bewussten und nachhaltigen Umgang mit natürlichen Ressourcen nicht nur zu erleben, sondern zu verstehen, wie Schutz und Nutzen miteinander einhergehen. Hierbei ergänzen sich der Gedanke des Naturschutzes im Nationalpark ‚Natur Natur sein lassen' und das Konzept der nachhaltigen, naturnahen Waldbewirtschaftung. Die Bildungsangebote zeigen den Teilnehmerinnen und Teilnehmern zahlreiche Möglichkeiten auf, mit dem Erlernten im eigenen Alltag anzusetzen. …

Die wichtigsten Ziele von Wildnisbildung bestehen darin, Menschen den Wert von verwildernder Natur aufzuzeigen, sie zum Nachdenken über das Verhältnis von Mensch und Natur und dem eigenen Lebensstil anzuregen sowie die Notwendigkeit des Schutzes von verwildernder Natur zu vermitteln. Somit kann das Erleben verwildernder Natur persönliche und gesellschaftliche Bedeutung erlangen. Gleichzeitig wird die Naturvertrautheit gestärkt und zur Auseinandersetzung mit wertebasierten Fragestellungen angeregt."

Umweltbildung wird im Nationalpark ganz besonders als Wildnisbildung verstanden. Umwelt, Natur und Wildnis haben eigene Akzente, die man verstehen muss, um Landschaften einordnen zu können. Umweltbildung ist das zentrale Element, mit welchem das Nationalparkamt an interessierte Menschen und Einrichtungen herantritt. Umweltbildung bezieht sich auf die Vermittlung von Kenntnissen und Fähigkeiten im Bereich der Umwelt. Sie umfasst die Bildung über die Umwelt und ihre Prozesse, die Erhaltung der natürlichen Ressourcen und die Förderung von Verhaltensweisen, die eine nachhaltige Entwicklung unterstützen. Die Umweltbildung zielt darauf ab, die Menschen über die Auswirkungen ihres Verhaltens auf die Umwelt und die Notwendigkeit zu informieren, die natürlichen Ressourcen zu schonen und zu erhalten. Sie soll dazu beitragen, ein Verständnis für die interdependenten Beziehungen von Mensch und Natur zu vermitteln, und die Fähigkeit zu fördern, sich für die Erhaltung der natürlichen Umwelt einzusetzen. Die Umweltbildung findet in Form von Formal- und Nonformalbildung statt. Sie wird Schulen, Hochschulen, Gemeinden, „den Bürger:innen" und grundsätzlich allen Organisationen angeboten. Sie wird durch

8 Nationalparkplan 2020 des Nationalpark Hunsrück-Hochwald: https://www.nlphh.de/ziele-aufgaben/nationalpark-plan/, aufgerufen am 27.01.2023.

verschiedene Medien wie Bücher, Übersichtskarten, Themenhefte und Programme, über Filme, Ausstellungen und die sogenannte Nationalpark-App vermittelt. Sie findet „frontal" in theoretischer Form oder „outdoor" statt.

Aktuelle Beispiele aus der Umweltbildungsarbeit des Nationalparks Hunsrück-Hochwald:

- Führungen und ständige Ansprechbarkeit im Nationalpark, vorrangig durch die Park-Ranger:innen. Hier findet die fundamentale Basisarbeit des Nationalparkamtes statt, um interessierten Besucher:innen zu helfen, ihren Blick auf Umwelt, Natur und Wildnis neu zu fokussieren.
- NLP-Akademie: mehrstündige Veranstaltungen an der Hochschule Trier (Umweltcampus Birkenfeld) oder an anderen Orten mit Schwerpunktthemen aus den Abteilungen des Amtes. Sie finden mehrmals jährlich statt und richten sich an alle Interessierten. Neben der Vermittlung von aktuellen Erkenntnissen aus Forschung und Monitoring steht der Transfer und die Diskussion mit den Teilnehmenden ganz vorne. Als besonders spannend haben sich auch Themen erwiesen, welche darüber hinaus den Partizipationsprozess zwischen Nationalparkrolle bzw. Nationalparknutzung und der regionalen Bevölkerung aktivieren.
- Zusammenarbeit mit Schulen und anderen Bildungseinrichtungen. Pädagogische Fachkräfte des Nationalparkamtes kümmern sich um Bildungseinrichtungen und um die Fortbildung von Lehrkräften. Eine Besonderheit ist die Zertifizierung zu aktuell 15 sogenannten Nationalpark-Schulen und fünf Nationalpark-Kindertagesstätten. Regelmäßige Führungen der Kinder und Jugendlichen, gezielte Fortbildungen für Lehrkräfte und Erzieher:innen, eigene Bildungsangebote und Projekte sollen helfen, eine langfristige Beziehung zu diesen Bildungseinrichtungen aufnehmen. Im besten Fall unterstützt es langfristig darin, Naturschutz- und Nachhaltigkeitsgedanken in den gesamten Bildungsprozess zu integrieren.

5. Qualität, Regionalität, Naturschutz und Nachhaltigkeit – Förderung von nachhaltigem Tourismus

„Die Partnerinitiative des Nationalparks ist ein Schlüsselinstrument in den Bereichen nachhaltige Regionalentwicklung und naturnaher Tourismus. Als regionale Markenbotschafter spielen die Partnerbetriebe selbst eine tragende Rolle für die Imagesteigerung der Nationalpark-Region. Über sie werden Informationen, Empfehlungen und Angebote über den Nationalpark und die

Nationalpark-Region an die Gäste herangetragen." (aus: Nationalparkplan Modul „Nachhaltige touristische Entwicklung", S. 10 ff., aaO.)

Die Partnerinitiative ist innerhalb der Großschutzgebiete in Deutschland in dieser Ausprägung einmalig. Entstanden ist die Idee ursprünglich infolge einer Analyse eines Tourismuspotenzial-Gutachtens aus 2014, welches der Region ein weit unterdurchschnittlich entwickeltes Tourismusgewerbe, aber grundsätzlich erheblich bessere Perspektiven zuschreibt. Die Partnerinitiative bietet für interessierte Tourismusunternehmer, vornehmlich Kleinunternehmen, einen ganzheitlichen Ansatz, um ein bedarfsgerechtes und zu den Zielen des Nationalparks passendes Konzept an ihrem Standort aufzubauen. Derzeit gibt es 56 Betriebe im Partnerprogramm.

Zuvörderst steht die Anhebung von Tourismusstandards. Es werden die Zertifizierungen „Service Qualität Deutschland Level 1" vom Deutschen Tourismus Verband, und für mindestens 3 Sterne nach DEHOGA (Deutscher Hotel- und Gaststättenverband)-Standards vermittelt. Es gibt darüber hinaus Nachhaltigkeitszertifizierung durch das NLP-Amt selber. Ein Fachmann des Amtes betreut die Partnerbetriebe.

6. Grenzen der Nachhaltigkeit in einem Nationalpark

Im Nationalpark kann es Zielkonflikte zwischen dem Ziel des Prozessschutzes und den Besuchern geben, da die menschliche Nutzung des Parks Auswirkungen auf die natürlichen Prozesse und das Ökosystem haben kann. Zum Beispiel kann es Konflikte geben, wenn die Besucher den Nationalpark auf bestimmten Wegen oder in bestimmten Gebieten nutzen wollen, die für den Schutz von Pflanzen oder Tieren von besonderer Bedeutung sind. Es kann auch Konflikte geben, wenn die Besucher Aktivitäten im Park ausüben, die die natürlichen Prozesse stören oder die natürliche Schönheit des Parks beeinträchtigen, zum Beispiel durch das Verursachen von Lärm oder das Radfahren abseits der Hauptwege. Um solche Zielkonflikte zu lösen, müssen oft Kompromisse gefunden werden, die sowohl den Schutz der natürlichen Prozesse als auch die Bedürfnisse der Besucher berücksichtigen. Dies kann durch die Einrichtung von Besucherzentren und -wegen, die Einführung von Regeln für die Nutzung des Parks und die Zusammenarbeit mit den lokalen Gemeinden erreicht werden. Es ist wichtig, dass der Nationalpark in einem breiteren ökologischen und sozialen Kontext betrachtet wird und dass die Auswirkungen auf das Ökosystem und die Menschen in der Region berücksichtigt werden. Eine Besonderheit dieses Nationalparks ist, dass das allgemeine Waldbetretungsrecht für Fußgänger und Rollstuhlfahrer, anders als in anderen Nationalparks, hier weiter gilt. Das bedeutet, dass die Eigenverantwortlichkeit der Besucher:innen hier ganz besonders gefragt ist, und die NLP-Mitarbeitenden nur wenig Möglichkeiten des Ordnungsrechtes nutzen können, dort, wo die Eigenverantwortlichkeit im Einzelfall nicht weit genug reicht.

7. Schlussbetrachtung: Welchen Beitrag leistet der Nationalpark Hunsrück-Hochwald für soziokulturelle Nachhaltigkeit?

Soziokulturelle Nachhaltigkeit ist ein wichtiger Bestandteil des Konzepts der Nachhaltigkeit, da Kultur und Traditionen eine wichtige Rolle bei der Identität und dem Zusammenhalt einer Gesellschaft spielen. Eine nachhaltige Gesellschaft ist dauerhaft sozial, wirtschaftlich und umwelttechnisch tragfähig. Soziokulturelle Nachhaltigkeit bezieht sich auf die Fähigkeit einer Gesellschaft, ihre kulturellen Werte und Traditionen zu bewahren und zu fördern, während sie gleichzeitig ihre sozialen und wirtschaftlichen Strukturen aufrechterhält und verbessert. Dies umfasst auch die Förderung der Gleichstellung und der Teilhabe aller Mitglieder der Gesellschaft sowie die Berücksichtigung der Auswirkungen von Entscheidungen auf zukünftige Generationen.

Wie in diesem Aufsatz gezeigt wurde, liegen in der räumlichen Ausformung des Nationalparks und der Aufgaben seiner dort Beschäftigten eine Vielzahl von Ansätzen, um die Wahrnehmung des Lebensumfeldes der hier lebenden Menschen vor dem Hintergrund nachhaltigen Lebens und nachhaltige Lebensbedingungen zu finden, zu hinterfragen und in das eigene Leben zu übertragen. Grenzen sind den Mitarbeiter:innen weniger durch Know-how oder konkreten Projektideen gesetzt, als durch die sehr begrenzten Ressourcen. Eine wichtige Rolle spielt auch die Akzeptanz des Nationalparks bei den Anwohner:innen. Die zitierte Besucherbefragung im Nationalpark kann nur Meinungen von Menschen wiedergeben, die selber schon die Entscheidung getroffen haben, den Park zu besuchen. Hier besteht zusätzlicher Forschungsbedarf, um die Akzeptanz des Nationalparks und des Arbeitsprogramms des Nationalparkplans bei allen Anwohner:innen wirklich kennenzulernen. Ein begrenzter Gradmesser ist die Anteilnahme an der Parkentwicklung durch Mitarbeit in der Nationalparkversammlung. Weiterhin gibt es eine Vielzahl von Nationalpark-Veranstaltungen mit ganz unterschiedlicher Thematik. Welche Erkenntnisse sie bei den Menschen in der Region hinterlassen, kann bislang auch nur gemutmaßt werden. Es steht noch in der Reihe der systematischen Monitoring-Aufgaben, die noch zu erledigen sind.

Die Erfahrungen aller Nationalparkmitarbeiter zeigen, dass es ein sehr großes Interesse daran gibt, was natürliche Entwicklung im Nationalpark von eigenen Naturerfahrungen aus unserer Kulturlandschaft unterscheidet. Die Unterschiede sind in dem noch sehr jungen Nationalpark Hunsrück-Hochwald noch nicht in allen Fällen von selber erkennbar. Die Initiativen des Nationalparks in der Region geben darüber hinaus eine Vielfalt von Gelegenheiten zur Auseinandersetzung mit der Natur- und Nachhaltigkeitsthematik. Es bleibt herauszufinden, welche konkrete Rolle der Nationalpark als Impulsgeber für nachhaltige Regionalentwicklung spielt.

Literaturverzeichnis

Nationale Naturlandschaften e.V. (2023): Nationalparks in Deutschland, https://nationale-naturlandschaften.de/wissensbeitraege/nationalparks-in-der-welt (Zugriff 03.03.2023)

Wikipedia.de – „Nationalpark", aufgerufen am 02.01.2023

EUROPARC Deutschland e.V. (2010): Richtlinien für die Anwendung der IUCN-Managementkategorien für Schutzgebiete, Berlin. Deutsche Übersetzung von: Dudley, N. (Editor) (2008) Guidelines for Applying Protected Area Management Categories, Gland: IUCN

Bundesministerium für Umwelt, Naturschutz und nukleare Sicherheit: Die 2030-Agenda für Nachhaltige Entwicklung: https://www.bmu.de/themen/nachhaltigkeit-internationales/nachhaltige-entwicklung/2030-agenda/; aufgerufen am 29.01.2020

Dudley, N. (Editor) (2008) Guidelines for Applying Protected Area Management Categories, Gland: IUCN

Bundesministerium für Umwelt, Naturschutz und nukleare Sicherheit: Deutsche Nachhaltigkeitsstrategie: https://www.bmu.de/themen/nachhaltigkeit-internationales/nachhaltige-entwicklung/strategie-und-umsetzung/nachhaltigkeitsstrategie/; aufgerufen am 29.01.2020

NLP-Amt Birkenfeld und Universität Koblenz, Besucherumfrage 2022 mit 1.650 Interviews im Nationalpark Hunsrück-Hochwald, Auswertung zur Zeit der Erstellung dieses Artikels noch im Gang

Anmerkung: Der Abschnitt Nachhaltigkeit wurde mit Unterstützung von ChatGPT (https://chat.openai.com/chat) nach einem Chat zu diesem Thema geschrieben.

Nationalparkplan 2020 des Nationalpark Hunsrück-Hochwald: https://www.nlphh.de/ziele-aufgaben/nationalpark-plan/, aufgerufen am 27.01.2023

Sandra Wenz

Nachhaltige Entwicklung der Nationalparkregion Hunsrück-Hochwald – Blick auf die touristische Entwicklung der Region

1. Ausgangslage

Vor der Ausweisung des Nationalparks fanden in der Region Hunsrück-Hochwald zahlreiche Informationsveranstaltungen, Bürgerforen und weitere öffentliche Termine statt, in denen seitens des rheinland-pfälzischen Umweltministeriums das Vorhaben erläutert wurde. Fragen und Sorgen der Bürger wurden aufgegriffen und beantwortet, es wurde um die Zustimmung der Kommunen zur Ausweisung eines Nationalparks in der Region geworben. Viele Aspekte aus diesen Gesprächen und der zugehörigen Bürgerbeteiligung fanden schließlich auch Berücksichtigung im Staatsvertrag zur Ausweisung des Nationalparks. Die Ausweisung des Parks hat in der Region einen enormen Erwartungsdruck erzeugt[1], unter dessen Eindruck sich die im Folgenden geschilderte Entwicklung abgespielt hat.

Mit der Gründung des Nationalpark Hunsrück-Hochwald im Jahr 2015 war von Beginn an die Hoffnung verbunden, dass die Ausweisung des Schutzgebietes in der Nationalparkregion einen Entwicklungsschub verursachen wird. Vor der Gründung des Parks wurden hierzu in einem Konzept der Landesregierung die in Bürgerdialogen erarbeiteten Wünsche aus der Region zur künftigen touristischen Entwicklung der Region niedergeschrieben. Hierbei wurde festgestellt, dass die Nationalparkregion vernetzt mit umliegenden touristischen Destinationen ist. Weiter heißt es, „dass mit dem Titel ‚Nationalpark' nicht zwangsläufig eine erfolgreiche touristische Destination verbunden" sei. [2]

1 Vgl. Kabelitz, Susanne (2018): Die Nationalparkregion als Kulisse für Regionalentwicklung – Das Beispiel Nationalpark Hunsrück-Hochwald. In: Weber, Florian; Weber, Friedericke; Jenal, Corinna (Hrsg.): Wohin des Weges? Regionalentwicklung in Großschutzgebieten (S. 72 bis 95)

2 Ministerium für Umwelt, Landwirtschaft, Ernährung, Weinbau und Forsten (2013): Nationalpark Hunsrück – Konzept der Landesregierung zur Einrichtung eines Nationalparks im Hunsrück und zur zukunftsfähigen Entwicklung der Nationalparkregion (S. 81 f.)

1.1 Das „System Tourismus“ in Rheinland-Pfalz

Der Tourismus in Rheinland-Pfalz ist grundsätzlich dreigliedrig strukturiert. In einer gutachterlichen Studie des Systems Tourismus in Rheinland-Pfalz aus dem Jahr 2020 wurden die Strukturen und Prozesse innerhalb dieses Systems mit Blick auf die Tourismusstrategie des Landes 2025 genau untersucht und verschiedene Weichen neu gestellt.[3]

Abbildung 1: Aktuelles Drei-Ebenen-Modell in Rheinland-Pfalz. Grundlage für den Weiterentwicklungsbedarf des System Tourismus. In: MWVLW, S. 19

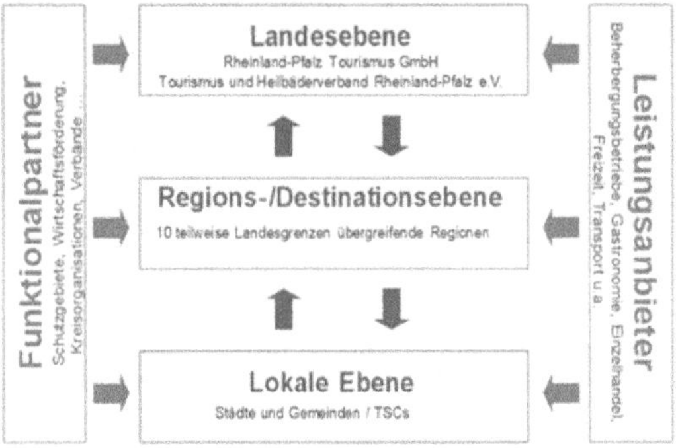

In der Vorbereitung der Gründung des Nationalparks – das angesprochene Konzept der Landesregierung stammt aus dem Jahr 2013 – war das aufgezeigte System jedoch noch „in Stein gemeißelt“, was aus Sicht der Autorin eine wichtige Ursache für die im Folgenden geschilderten Herausforderungen ist und sich noch zehn Jahre später entsprechend auswirkt.

3 Ministerium für Wirtschaft, Verkehr, Landwirtschaft und Weinbau (MWVLW) (2020) (Hrsg.): Gutachterliche Studie zur Optimierung des System Tourismus in Rheinland-Pfalz (S. 19).

1.2 Die Nationalparkregion Hunsrück-Hochwald

Gemäß Staatsvertrag über den Nationalpark Hunsrück-Hochwald[4] ist die Nationalparkregion definiert: „Das Gebiet der Verbandsgemeinden und Gemeinden, die ganz oder teilweise im Gebiet des Nationalparks liegen, bildet die Nationalparkregion." Unmittelbar angrenzende Kommunen können unter bestimmten Voraussetzungen als zugehörig erklärt werden.

Bereits mit Gründung des Nationalparks haben mehrere Kommunen entsprechende Anträge gestellt, sodass zur Nationalparkregion aktuell auch die Stadt Idar-Oberstein und die Verbandsgemeinde Baumholder gehören, sowie das Gebiet der ehemaligen Verbandsgemeinde Rhaunen, welches seit 2019 durch Fusion zur Verbandsgemeinde Herrstein-Rhaunen zählt. Die Touristiker dieser Kommunen bilden eine touristische Arbeitsgemeinschaft „Nationalparkregion", zu der auch die Gemeinde Morbach gehört, die bis dato nicht den formalen Beschluss gefasst hat, Mitglied der Nationalparkregion sein zu wollen, obwohl ihr Gebiet direkt an den Park angrenzt.

Somit liegt das Gebiet der Nationalparkregion aus touristischer Sicht in Rheinland-Pfalz auf regionaler Ebene teilweise im Zuständigkeitsbereich der Naheland-Touristik (Verbandsgemeinden Baumholder, Birkenfeld, Herrstein-Rhaunen und Stadt Idar-Oberstein), sowie der Hunsrück-Touristik (Verbandsgemeinden Hermeskeil und Thalfang am Erbeskopf sowie Gemeinde Morbach), sowie mit Nohfelden und Nonnweiler zweier Kommunen im Saarland, die wiederum anderen Organisationsstrukturen unterliegen. Übergeordnet zuständig für touristische Fragen sind die Landesmarketingorganisationen Rheinland-Pfalz und Saarland.

1.3 Nachhaltige Entwicklung der Nationalparkregion

Gemäß § 5 des Staatsvertrags soll die Einrichtung des Nationalparks „durch infrastrukturelle, touristische und sonstige Maßnahmen auch zu einer nachhaltigen Entwicklung der Nationalparkregion beitragen", insbesondere geht es hierbei um die Unterstützung einer nachhaltigen Dorf- und Stadtinnenraumentwicklung, Stärkung regionaler Zusammenarbeit und verschiedener weiterer Faktoren, sowie um die Mitwirkung bei der Weiterentwicklung eines naturnahen Tourismus durch das Nationalparkamt.

---

4 Klein, Dr. Ulrich et al (2015): Staatsvertrag über den Nationalpark Hunsrück-Hochwald – Kommentar (S. 28 ff.).

2. Arbeit in der touristischen Nationalparkregion

Die Gründungsphase des Nationalparks Hunsrück-Hochwald war eine Zeit, die stark vom Bottom-Up-Ansatz geprägt war. Vor der Gründung des Parks fand in hohem Maße Bürgerbeteiligung statt – in einer ländlich geprägten Region, in der man derartige Verfahren nicht gewohnt war. Der Freundeskreises Nationalpark Hunsrück-Hochwald hat sich aus der Bürgerschaft heraus gegründet, bei der Frage nach Fördermitteln wurde überwiegend auf LEADER-Mittel verwiesen. Kurz, es herrschte in der Bevölkerung der strukturschwachen Region ein gewisses Maß an Aufbruchsstimmung und das Gefühl „wir helfen uns selbst – und der Nationalpark hilft uns dabei".

2.1 Die Gründungsphase

Mit der Gründung des Nationalparks Hunsrück-Hochwald standen die Tourismusverantwortlichen der beteiligten Kommunen vor einer neuen Situation.

Der Nationalpark wurde als Schutzgebiet auf der Fläche ausgewiesen, die in ihrem Zuständigkeitsbereich lagen, damit auch Wanderwege, Radwege und einige weitere touristische Einrichtungen.

Aus der Historie heraus und aufgrund der in Kap. 1.2. geschilderten Zugehörigkeit zu unterschiedlichen touristischen Regionalagenturen kannten sich die Kollegen zwar, jedoch teilweise eher vom Sehen oder von gelegentlichen gemeinsamen Aktionen Einzelner. Als Gruppe war man bisher nicht zusammengekommen. Mit der Gründung des Nationalparks änderte sich dies. Der Erwartungsdruck in der Bevölkerung, mit der Gründung des Nationalparks möge eine touristische Entwicklung der Region einhergehen, war hoch. Aus den Rathäusern wurde den touristischen Kollegen überwiegend gesagt „macht mal". In dieser Zeit gab es in den Rathäusern bedingt durch den Nationalpark zahlreiche Umstrukturierungen, neue Aufgaben, Arbeitsgruppen und Gespräche, der Tourismus lief mehr oder weniger nebenher.

So bildete sich aus den beteiligten Kommunen eine touristische Arbeitsgruppe „Nationalparkregion". Zur Eröffnung des Nationalparks Pfingsten 2015 war die Region erstmals mit einem Infostand präsent.

Es folgten Arbeitstreffen, gemeinsam mit Vertretern des Nationalparkamtes und je nach Thema auch des Naturpark Saar-Hunsrück sowie der touristischen Regionalagenturen. Diese Zeit war stark geprägt durch die Frage nach Zuständigkeiten, Strukturen und organisatorischen Themen, inhaltliche Aspekte spielten zunächst eine nur geringe Rolle.

Im Jahr 2015 wurde unter Federführung der Rheinland-Pfalz Tourismus GmbH eine Stabstelle für das Thema Nationalpark eingerichtet, die Arbeitsgemeinschaft der kommunalen Touristiker bekam eine „Kümmererin", die die Arbeitsgemeinschaft in ihren Vorhaben unterstützte und eine direkte Bindung zur touristischen Landesebene darstellte. Diese Zusammenarbeit funktionierte gut, in der Zeit wuchs sowohl auf Landesebene als auch auf kommunaler Ebene das Verständnis für die Arbeit der jeweiligen Kollegen, man merkte, dass an einem Strang gezogen wird. In diese Zeit fiel auch die Erstellung eines LEADER-Antrages für erste Werbemaßnahmen wie die Entwicklung einer gemeinsamen Homepage www.nationalparkregion-hunsrueck-hochwald.de, die im Oktober 2016 online ging. Krankheitsbedingt ist die Kollegin, die die Funktion der „Kümmererin" übernommen hatte im gleichen Jahr ausgefallen. Die Stelle wurde nicht nachbesetzt, obwohl aus der Region nachdrücklich darum gebeten wurde.

2.2 Strukturelle Herausforderungen

In dieser ganzen Zeit stand die Entwicklung der touristischen Nationalparkregion stets unter sehr kritischer Beobachtung, so zumindest die Wahrnehmung aus der Region heraus. Kritisch, weil sich erstmals ein erhöhtes Selbstbewusstsein der örtlichen Touristiker entwickelte, die begannen, Unterstützung z.B. in der Vermarktung der Region auf Regional- und Landesebene einzufordern. Zu diesem Zeitpunkt wurde in der Region deutlich, dass bei der Ausweisung des Nationalparks und den damit verbundenen Entwicklungswünschen wesentliche Elemente nicht ausreichend betrachtet wurden. Seitens der Regional- und Landesebene wurden die Kommunen immer wieder darauf hingewiesen, dass man im rheinland-pfälzischen Tourismus nach dem im Absatz 1.1 beschriebenen dreigliedrigen System organisiert sei und es hiervon keine Abweichungen geben könne. Der Begriff „Nationalparkregion" stellte hierbei eine besondere Herausforderung dar, da dieser den Begriff „Region" beinhaltet. Gemäß touristischem System durfte es in Rheinland-Pfalz nur die definierten und bereits vorhandenen 10 touristischen Regionen und keine weitere geben. Der Einwand aus der Nationalparkregion, man könne seitens des Landes nicht einen länderübergreifenden Nationalpark installieren, diesen in hohem Maße mit gewünschter Regionalentwicklung verbinden und sich dann gleichzeitig positive Entwicklungen in der touristischen Zusammenarbeit unterbinden, half nicht weiter. Die Nicht-Neubesetzung der touristischen Stelle bei der Rheinland-Pfalz Tourismus GmbH fiel in diesen Zeitraum.

Im Landeskonzept zur Entwicklung des Nationalparks hat man festgestellt, dass die für die Region zuständigen regionalen Stellen das Thema

„Natur“ ganz grundsätzlich im Portfolio haben. Es wurde jedoch nicht definiert, welche der Regionalagenturen für die Vermarktung der Nationalparkregion (die wie beschrieben nicht „Region“ heißen darf, obwohl der Begriff so im Staatsvertrag steht) zuständig ist, es sind hierfür auch keine zusätzlichen Mittel seitens des Landes bereitgestellt worden – zumindest wurde das den Kommunen so kommuniziert. Es gab keine Institution oder Person, die sich berufen gefühlt hätte, sich sozusagen den Hut aufzusetzen und diese Dinge an entsprechender Stelle zu regeln.

2.3 Motivation durch erste Erfolge und Blick über den Tellerrand

Trotz dieser verfahrenen Situation haben die kommunalen Touristiker ihre gemeinsame Arbeit fortgesetzt. Wohlgemerkt neben ihrer eigentlichen Tätigkeit, es ist in dieser Zeit auch in keiner der Kommunen eine neue touristische Stelle entstanden. Mit der Erstellung der Webseite und der Etablierung der gemeinsamen „Wanderwochen“, einer Veranstaltung zum Saisonstart, mit geführten Wanderungen in allen Kommunen, gelang es den Touristikern, die gesamte Region langsam ins Bewusstsein der Bevölkerung zu heben. Wandergruppen beteiligten sich an den neuen Angeboten „vor und hinter dem Wald“ – das war damals tatsächlich ein geflügeltes Wort, welches die imaginäre Grenze zwischen den einzelnen Gemeinden beschrieb. Es erschienen erste Zeitungsberichte, in denen ganz selbstverständlich über „die Nationalparkregion“ berichtet wurde, erste Erfolge konnten verzeichnet werden. Das motivierte und macht Lust auf mehr.

Um sich gegenseitig im Kollegenkreis besser kennenzulernen und gleichzeitig einen Blick in die Arbeit anderer Nationalparkregionen zu werfen, wurden mehrere gemeinsame Informationsfahrten organisiert. Besucht wurden der Nationalpark Eifel, der Nationalpark Schwarzwald und schließlich – gemeinsam mit den neu kennengelernten Kollegen aus der Nationalparkregion Schwarzwald – der Nationalpark Kellerwald-Edersee.

Hierbei kam ein weiterer interessanter Aspekt ins Spiel: Im Gespräch mit den Kollegen aus anderen Nationalparkregionen wurde schnell klar, dass die geschilderte organisatorische Problematik so oder so ähnlich auch in anderen Regionen besteht. Im Austausch entstanden einige gute Ideen, wie sich Nationalparkregionen bundesweit helfen, unterstützen und austauschen können. Es entstand der Gedanke, die deutschen Nationalparkregionen gemeinsam zu bewerben, gemeinsam für Natururlaub, nachhaltiges Reisen und besondere Naturerlebnisse im Urlaub einzustehen und Menschen zu begeistern. Dieses Vorhaben besteht weiterhin, konnte jedoch bislang mangels Personalkapazität nicht umgesetzt werden.

2.4 Kooperation mit anderen Nationalpark-Kommunen – das Beispiel Birkenfeld - Bad Peterstal-Griesbach

Mit diesem Gedanken der Vernetzung der Nationalparkregionen beschäftigt sich dann auch ein Projekt, welches die Verbandsgemeinde Birkenfeld als Teil der Nationalparkregion Hunsrück-Hochwald gemeinsam mit der Gemeinde Bad Peterstal-Griesbach aus der Nationalparkregion Schwarzwald initiiert hat:

Im damals neuen Förderprogramm „LIFT (Leistungssteigerung und Innovationsförderung im Tourismus)" des Bundesministeriums für Wirtschaft und Energie war das gemeinsam im Jahr 2018 eingereichte Papier der beiden Kommunen das erste überhaupt bundesweit ausgewählte Projekt, welches in die Umsetzung gehen konnte. Im Projekt geht es um die Erfassung und Ausspielung von Echtzeitdaten von Wanderwegen und aus touristischen Einrichtung und deren Ausspielung an den Gast. So kann auch im ländlichen Raum und im freien Gelände eine intelligente Besucherlenkung funktionieren. Das Projekt hatte ein Volumen von rund 280.000 € und wurde in dieser region- und länderübergreifenden Zusammenarbeit umgesetzt, immer mit dem Ziel, es künftig auf die beiden kompletten Nationalparkregionen Schwarzwald und Hunsrück-Hochwald auszuweiten[5]. Im Schwarzwald ist dies mittlerweile gelungen, im Hunsrück nicht. Der Hauptgrund hierfür ist in der fehlenden Organisationsstruktur zu finden. Das Projekt wurde in der Region diskutiert, für gut befunden und sollte in die Umsetzung mittels weiterer Projektförderung gehen. Ein solches Projekt ist jedoch neben der Finanzierung mit erheblichem personellem Aufwand verbunden, und wie so oft stehen die Fragen im Raum „Wer soll das machen?" und „Wer stellt den Antrag?".

Neben diesem Digitalisierungsprojekt steckt in der Zusammenarbeit der beiden Nationalpark-Kommunen in Baden-Württemberg und Rheinland-Pfalz jedoch noch sehr viel mehr. Neben dem Nationalpark spielt in beiden Orten das Premiumwandern eine herausragende Rolle. So war es naheliegend, sich auch in diesem Arbeitsfeld auszutauschen. Die Wegebetreuer aus Bad Peterstal-Griesbach sind gemeinsam nach Nohen in der Verbandsgemeinde Birkenfeld gereist, um sich mit den Wegewarten der Traumschleife Nohener Nahe-Schleife auszutauschen, die Nohener haben im Gegenzug die Bad-Peterstal-Griesbacher Wanderwege unter die Sohlen genommen, und es hat sich ein schöner Austausch unter „Wegepflegern" entwickelt. In

5 Singer, Axel, Wenz, Sandra (2022): Urlaubs-Kompass – Besucherlenkung im ländlichen Raum durch den Einsatz von Echtzeitdaten. In: Quack, Heinz-Dieter und Thiele, Franziska (Hrsg.): Wandern in Krisenzeiten (S. 104)

den Jahren 2019 und 2020 haben die Tourist-Informationen beider Orte gemeinsam zwei junge Männer zu Kaufleuten für Tourismus und Freizeit ausgebildet – ein Teil der Ausbildung wurde im jeweils anderen Ort absolviert, so konnten zwei Betriebe und zwei Orte mit unterschiedlichen Arbeitsweisen kennengelernt werden. So viel Zusammenarbeit hat zur Folge, dass man auch im Marketing zusammenkommt. Zahlreiche Messen wurden seit 2018 gemeinsam besucht, Gäste gezielt auf den jeweiligen Standnachbarn hingewiesen, der ein vergleichbares Produkt in einer anderen Region anbietet. Beide Kommunen werben in ihren Broschüren offensiv für den jeweils anderen Ort, ganz nach dem Motto „Wenn es Dir bei uns gefällt, gefällt es Dir auch dort – fahr doch mal hin". In dieser Konsequenz sicher ein seltenes Vorgehen im Deutschlandtourismus, aber es lohnt sich für beide Seiten. Mittlerweile kann festgestellt werden, dass Gäste beide Orte kennen und den Empfehlungen folgen.

Abbildung 2: Werbung für die Gemeinde Bad Peterstal-Griesbach in der Broschüre „WanderZeit" der Verbandsgemeinde Birkenfeld (2022), S. 29

Abbildung 3: Werbung für das Birkenfelder Land im Urlaubsmagazin der Gemeinde Bad Peterstal-Griesbach (2023), S. 66

2.5 Ausweitung der Marketingaktivitäten – die Nationalparkregion Hunsrück-Hochwald wird sichtbar

Seit dem Jahr 2018 hat die Nationalparkregion ihre Marketingaktivitäten deutlich verstärkt und ausgeweitet. Die regelmäßige Präsentation der Region auf verschiedenen Reise- und Touristikmessen ist zwischenzeitlich ebenso Bestandteil der touristischen Arbeit, wie die Entwicklung gemeinsamer Broschüren, Karten und Informationsmaterialien zu verschiedenen Themen. So entstand zunächst eine Übersichtskarte „Freizeittipps", die ins Englische und Niederländische übersetzt wurde und zwischenzeitlich in der 4. Auflage vorliegt. Es wurden bis heute weit über 100.000 Exemplare verteilt. Darüber hinaus wurden ein Übersichtsflyer zum Thema Campingplätze entwickelt, ein Flyer zur Nationalpark-Radroute, mehrere Veranstaltungsübersichten und erstmals im Jahr 2021 ein Magazin namens „Wilde Heimat".

In diesem Magazin werden Geschichten aus der Nationalparkregion erzählt, Ausflugstipps und Informationen gegeben, die weit über die typische „Gäste-Grundinformation" hinausgehen. Es geht um regionale Rezepte, Nationalpark-Gästeführer kommen zu Wort und stellen ihre schönsten Plätze vor, kurz, ein Magazin zum Kennenlernen der Region für Gäste und Einheimische gleichermaßen. Denn darum geht es den Touristikern der

Kommunen: gezielt Innenmarketing betreiben und gleichzeitig die Gäste der Region mitnehmen. Die „Wilde Heimat" ist hierzu ein gut geeignetes Instrument.

Abbildung 4: Magazin „Wilde Heimat" der Nationalparkregion Hunsrück-Hochwald. Titel und Inhaltsverzeichnis. Jahrgang 2021

DIESMAL DABEI SEITE

Abbildung 5: Magazin „Wilde Heimat" der Nationalparkregion Hunsrück-Hochwald. Titel und Inhaltsverzeichnis. Jahrgang 2022

DIESMAL DABEI SEITE/N

Probleme in der täglichen Arbeit entstehen hierbei an vielen vermeintlich kleinen Stellen, an denen man zunächst gar keine Schwierigkeit vermuten mag. So stellt sich beim Druck jeder Broschüre die Frage, wer der Herausgeber ist, wer im Impressum steht. Welche Telefonnummer wird für Rückfragen veröffentlicht, über wessen Schreibtisch laufen die Rechnungen, was wird wie verbucht. Vermeintliche Kleinigkeiten, die in Summe jedoch für die Beteiligten ein hohes Maß an Aufwand bedeuten. Das sind in der Praxis die Stolpersteine, die aus dem beschriebenen Grundfehler resultieren, für die Nationalparkregion nicht von Beginn an eine geschäftsfähige Stelle zu schaffen, sei es als Stabsstelle bei einer bestehenden Organisation, als Verein, als GmbH etc. An dieser Thematik wird aktuell weitergearbeitet. Es ist seit den ersten Gesprächen zu diesem Thema sehr viel Zeit ins Land gegangen, und mittlerweile besteht Grund zur Hoffnung, dass künftig tatsächlich eine entsprechende Stelle etabliert wird.

3. Zusammenarbeit mit dem Nationalpark Hunsrück-Hochwald

Mit Gründung des Nationalparks Hunsrück-Hochwald ist nicht nur ein Schutzgebiet entstanden, sondern auch ein neuer touristischer Attraktionspunkt in der Region. Rangertouren, Nationalparkführungen und die neue Ausstellung im Nationalparktor Erbeskopf ziehen neue Gäste in die Region. Genauere Zahlen hierzu werden im Rahmen des Sozioökonomischen Monitorings seitens des Nationalparkamtes derzeit ermittelt.

Bei der Entwicklung des Nationalparkplans wurden die Kommunen beteiligt. Die bereits vor Gründung bestehenden sechs Traumschleifen in der Fläche des Parks und der entsprechende Abschnitt des Saar-Hunsrück-Steigs wurden als Premiumwanderwege fester Teil des Wegeplans und dienen heute der Besucherlenkung im Park. Die Zusammenarbeit in diesen Bereichen funktioniert gut.

Etwas kritischer zu betrachten ist die Partnerinitiative des Nationalparks, die als Teil der Partnerinitiative der Nationalen Naturlandschaften entwickelt wurde. Hierbei können sich Betriebe – überwiegend sind es Gastgeber – als Partner des Nationalparks bewerben und werden über ein Vergabeverfahren entsprechend ausgewählt. Wichtige Kriterien bei der Vergabe sind verschiedene Qualitätsmaßstäbe, die eingehalten werden müssen, Umweltstandards werden abgefragt, die Betriebe müssen sich verschiedenen Zertifizierungen unterziehen und in ihren Betrieben umsetzen und natürlich die Werte des Nationalparks mittragen und entsprechend an ihre Gäste weitergeben. Bis hierhin ist das eine gute Sache, die der Steigerung der Qualität in den Betrieben der Region dient, die die Betriebe zur Kooperation auffordert, verschiedene Aspekte der Nachhaltigkeit in den Betrieben stärkt, etc. Die Initiative hat tatsächlich stark zur positiven Weiterentwicklung zahlreicher Betriebe beigetragen.

Bei dieser an sich guten Qualitätsinitiative wurden jedoch leider die kommunalen Touristiker nicht ins System mit einbezogen. Das ist kritisch zu betrachten, weil die Nationalpark-Gastgeber aus den Kommunen kommen und sich natürlich mit ihren Fragen, Sorgen und Wünschen an ihren jeweiligen Touristiker richten. Außerdem werden Betriebe als Partnerbetriebe zugelassen, die ihren Sitz vergleichsweise weit vom Nationalpark entfernt haben, bei denen der Gast dann bis zu einer Stunde Fahrzeit zum Park auf sich nehmen muss. Es ist zwar sicher als positiv zu bewerten, dass der

Nationalpark in diesen Betrieben als Ausflugsziel präsent ist, jedoch wäre aus Sicht der Region bei diesem Thema etwas mehr „Exklusivität" für die Betriebe vor Ort und direkt am Park wünschenswert. Zum einen ist es dem Gast besser zu kommunizieren, dass ein Partnerbetrieb auch eine gewisse räumliche Nähe zum Park hat, zum anderen wurde den Menschen und Betrieben in der Nationalparkregion (vgl. Kap. 1.2) im Vorfeld versprochen und per Staatsvertrag zugesichert, dass Unternehmen durch ihren Standort in der Region entsprechend vom „Label" Nationalpark und dem damit einhergehenden Imagegewinn profitieren können.[6]

4. Fazit

Aus Sicht der Autorin ist die Etablierung des Nationalparks Hunsrück-Hochwald ein sehr großer Gewinn für die Region. Er trägt schon heute zu einer Verbesserung der Strukturen in der Region und einer nachhaltigen Regionalentwicklung bei.

Die geschilderten Schwierigkeiten und Fallstricke mögen denen, die mit ihren Vorhaben vergleichbare Strukturveränderungen im ländlichen Raum hervorrufen, bei ihrem Vorhaben helfen.

Insgesamt ist die Entwicklung der Region als durchaus positiv zu betrachten, wenngleich die in den Jahren um die Gründung des Nationalparks vorhandene Aufbruchsstimmung einer gewissen Ernüchterung Platz gemacht hat. Dennoch muss anerkannt werden, dass sich viele Bürger in der Region in den letzten Jahren intensiv mit ihrer Heimat beschäftigt und sich für sie stark gemacht haben. Es ist ein gewisses Maß an Heimatstolz entstanden, welches zuvor sicher nicht in der Form vorhanden war. Seitens der für den Nationalpark zuständigen Stellen auf Landesebene wurden zahlreiche Versprechen und Vorhaben eingelöst – sicher ebenso viele jedoch noch nicht. Aber was nicht ist, kann ja noch werden.

Literaturverzeichnis

Kabelitz, Susanne (2018): Die Nationalparkregion als Kulisse für Regionalentwicklung – Das Beispiel Nationalpark Hunsrück-Hochwald. In: Weber, Florian; Weber, Friedericke; Jenal, Corinna (Hrsg.): Wohin des Weges? Regionalentwicklung in Großschutzgebieten (S. 72 bis 95)

6 Klein, Dr. Ulrich et al. (2015): Staatsvertrag über den Nationalpark Hunsrück-Hochwald – Kommentar (S. 58)

Klein, Dr. Ulrich et al. (2015): Staatsvertrag über den Nationalpark Hunsrück-Hochwald – Kommentar

Magazin „Wilde Heimat" der Nationalparkregion Hunsrück-Hochwald. Titel und Inhaltsverzeichnis. Jahrgang 2021

Magazin „Wilde Heimat" der Nationalparkregion Hunsrück-Hochwald. Titel und Inhaltsverzeichnis. Jahrgang 2022

Ministerium für Umwelt, Landwirtschaft, Ernährung, Weinbau und Forsten (2013): Nationalpark Hunsrück – Konzept der Landesregierung zur Einrichtung eines Nationalparks im Hunsrück und zur zukunftsfähigen Entwicklung der Nationalparkregion

Ministerium für Wirtschaft, Verkehr, Landwirtschaft und Weinbau (MWVLW) (2020) (Hrsg.): Gutachterliche Studie zur Optimierung des System Tourismus in Rheinland-Pfalz

Quack, Heinz-Dieter und Thiele, Franziska (Hrsg.) (2022): Wandern in Krisenzeiten, Erich Schmidt Verlag, Berlin

Singer, Axel, Wenz, Sandra (2022): Urlaubs-Kompass – Besucherlenkung im ländlichen Raum durch den Einsatz von Echtzeitdaten. In: Quack, Heinz-Dieter und Thiele, Franziska (Hrsg.): Wandern in Krisenzeiten (S. 104)

Weber, Florian; Weber, Friedericke; Jenal, Corinna (Hrsg.) (2018): Wohin des Weges? Regionalentwicklung in Großschutzgebieten, ARL, Hannover

Alexander Hauck

Soziokulturelle Nachhaltigkeit in der Regionalentwicklung – der Blickwinkel gemeinnütziger Organisationen

1. Regionalentwicklungsverein Hunsrück-Hochwald – Entstehungsgeschichte

Am 04.10.2014 wurde zwischen dem Land Rheinland-Pfalz und dem Saarland ein Staatsvertrag über die Errichtung und Unterhaltung des Nationalparks Hunsrück-Hochwald geschlossen. Mit der Ausweisung dieses Nationalparks wurde unter anderem auf die ökologische, soziale und ökonomische Bedeutung sowie eine nachhaltige Entwicklung der gesamten Nationalparkregion abgezielt, um sich den Herausforderungen des demografischen Wandels in der Region zu stellen.[1]

Die Einrichtung des Nationalparks Hunsrück-Hochwald sollte, im Sinne des Staatsvertrags, einen entsprechenden Beitrag zur Nachhaltigen Entwicklung der Nationalparkregion durch infrastrukturelle, touristische und sonstige Maßnahmen leisten, und dabei im Rahmen der Regionalentwicklung insbesondere

- die nachhaltige Dorf- und Stadtinnenraumentwicklung unterstützen,
- die interkommunale und regionale Zusammenarbeit stärken,
- bei der Weiterentwicklung umweltverträglicher, innovativer Mobilität mitwirken,
- an der Weiterentwicklung regionaler Wertschöpfungsketten, insbesondere einer nachhaltigen Land- und Forstwirtschaft sowie eines naturnahen Tourismus mitwirken,
- den Nationalpark zu einem bedeutenden Imageträger der Region machen und dabei die kulturhistorische Bedeutung und Heimatidentität berücksichtigen.[2]

---

1 Staatsvertrag zwischen dem Land Rheinland-Pfalz und dem Saarland über die Errichtung und Unterhaltung des Nationalparks Hunsrück-Hochwald vom 04.10.2014, S. 3

2 Staatsvertrag zwischen dem Land Rheinland-Pfalz und dem Saarland über die Errichtung und Unterhaltung des Nationalparks Hunsrück-Hochwald vom 04.10.2014, S. 7

Der Aspekt einer nachhaltigen Regionalentwicklung der Nationalparkregion spielte von Beginn an eine wichtige Rolle bei der Errichtung des Nationalparks Hunsrück-Hochwald. Dabei war klar, dass hierbei zahlreiche öffentliche Belange und Interessen berührt werden, und dass gerade dem Aspekt der interkommunalen und regionalen Zusammenarbeit über Kreis- und Ländergrenzen hinweg eine hohe Bedeutung zukommt. Um für die Ingangsetzung, Begleitung und Durchführung eines solchen Regionalentwicklungsprozesses für die Nationalparkregion Hunsrück-Hochwald eine entsprechende Organisation zu schaffen, die sich damit – überparteilich – die strukturelle und wirtschaftliche Stärkung der Region zum Ziel macht, haben im Jahr 2016 die Landkreise, Städte und Verbandsgemeinden der Nationalparkregion Hunsrück-Hochwald, zusammen mit weiteren Akteuren, den Regionalentwicklung Hunsrück-Hochwald e.V. gegründet, der heute aus rund 20 kommunalen und privaten Mitgliedern besteht.

2. Regionalentwicklung in der Nationalparkregion Hunsrück-Hochwald

Der Nationalpark Hunsrück-Hochwald stellt die weltweit zweithöchste Kategorie für Naturschutzgebiete dar. Eine ganze Region profitiert von diesem Großschutzgebiet: die Nationalparkregion Hunsrück-Hochwald.

Unter Wahrung der Naturschutzaspekte für den Nationalpark entwickelt sich eine ganze Nationalpark-Region, über Landes- und Kreisgrenzen hinweg. Dabei stehen die Aspekte „Bildung", „Kultur und regionale Identität", „Lebensqualität ländlicher Raum", „natürliche Ressourcen" und „touristische Attraktivität" im Vordergrund, wie sie vom Masterplan zur Regionalentwicklung vorgegeben werden (vgl. Abb. 1). Der Masterplan wurde erstellt vom Regionalentwicklungsverein Hunsrück-Hochwald, der 2016 als Zusammenschluss der Landkreise und Verbandsgemeinden rund um den Nationalpark gegründet wurde. Mit den Attributen „zukunftsfähig" – „lebenswert" – „modern" gibt der Masterplan zur Regionalentwicklung der Nationalparkregion Hunsrück-Hochwald die passende Vorlage für die Zukunft.[3]

---

3 Regionalentwicklung Hunsrück-Hochwald e.V. (2018): Masterplan zur Regionalentwicklung Hunsrück-Hochwald, S. 4.

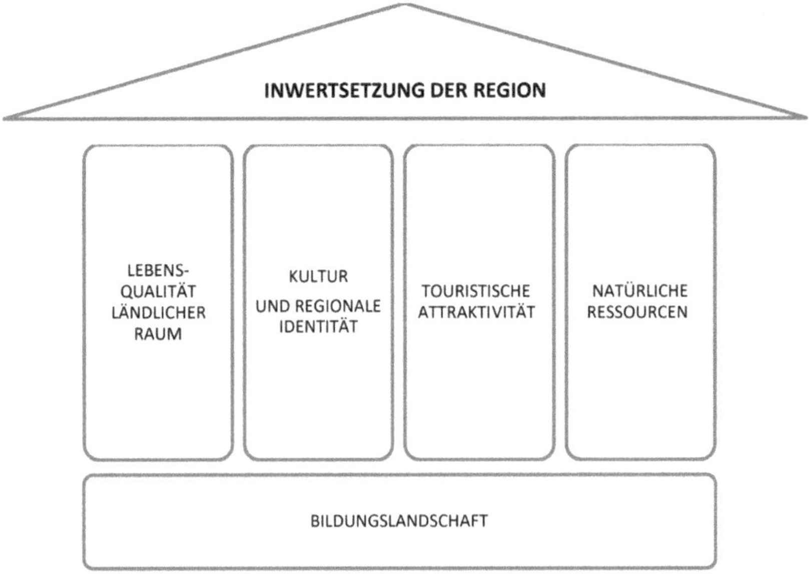

Abb. 1: Säulen der Regionalentwicklung in der Nationalparkregion Hunsrück-Hochwald[4]

Der Masterplan zur Regionalentwicklung ist mit Ideensammlungen und Best-practice-Beispielen wie ein Handlungsleitfaden aufgestellt, der die Region stark und selbstbewusst sowohl im Innen- wie auch im Außenverhältnis motivieren und stärken soll. Menschen, die in der Nationalparkregion leben und arbeiten, wie auch ortsansässige Unternehmen, sollen sich mit dem Nationalpark und mit der Nationalparkregion identifizieren.

Im Sinne des Masterplans zur Regionalentwicklung sollen regionale Akteure motiviert und aktiviert werden und durch die Schaffung von Netzwerken miteinander verbunden werden. Dies auf allen Ebenen mit Wirtschaft, Verbänden und kommunalen Institutionen zu erreichen, gehört mit zu den Zielen der Regionalentwicklung. Doch wie findet dies mit den Aspekten soziokultureller Nachhaltigkeit zusammen?

Die Menschen in der Nationalparkregion Hunsrück-Hochwald erzeugen ihre eigenen gesellschaftlichen Grundlagen und sorgen für deren Er-

4 Regionalentwicklung Hunsrück-Hochwald e.V. (2018): Masterplan zur Regionalentwicklung Hunsrück-Hochwald, S. 42.

halt, Verfügbarkeit und Nutzung. Gleichzeitig verändern sie im Prozess der Inwertsetzung dieser Grundlagen ihre sozialen Beziehungen. Im soziokulturellen Sinne erneuert die Bevölkerung somit stetig ihr gemeinschaftliches Handeln und schafft damit auch eine kontinuierliche Erneuerung ihres sozialen Miteinanders. Die Regionalentwicklung wirkt in diese soziokulturelle Nachhaltigkeit der Nationalparkregion hinein, indem sie in ihren Handlungsfeldern Einfluss nimmt auf den Prozess der Schaffung, Förderung und Bewahrung eines gesellschaftlichen Wertesystems, das seinerseits als Ressource für soziokulturelle Nachhaltigkeit zu betrachten ist.

Der Regionalentwicklungsverein Hunsrück-Hochwald hat – vor dem Hintergrund der Gründung des Nationalparks Hunsrück-Hochwald – einen wichtigen Beitrag zur Bewusstmachung soziokultureller Nachhaltigkeit geleistet, indem er den Masterplan zur Regionalentwicklung in der Nationalparkregion erarbeitet hat und für dessen Umsetzung in der Region koordinierend sorgt – gemeinsam mit Vertretern der gesellschaftlichen, wirtschaftlichen und politischen Kräfte der Region. Der Masterplan nimmt dabei explizit und ausführlich Bezug auf Themen wie Bildung, Werteschaffung, regionale Identität und das Zusammenleben und Zusammenwirken von Menschen und Unternehmen in der Nationalparkregion. Der Regionalentwicklungsverein ist dabei auch selbst Projektträger: Er entwickelt und steuert das „Bildungsnetzwerk Hunsrück-Hochwald" und hat z.B. das Maskottchen „Sammy" für die Nationalparkregion als stilisierte Ranger-Katze ins Leben gerufen.

3. Bildungsnetzwerk Hunsrück-Hochwald

Bildung schafft Wissen – Wissen schafft Werte. Die eigene Region erforschen, erleben, verstehen und wertschätzen: Bevor Kinder im späteren Leben in die Welt ziehen, sollen sie zunächst wissen, was vor der eigenen Haustür geschieht. Dieses Bewusstsein zu fördern, ist eines der Ziele des Bildungsnetzwerks Hunsrück-Hochwald. Lernorte **der Natur und Kultur mit Bildungsinhalten zu verbinden, steht bei der Initiative für Kinder und Jugendliche daher auf dem „Lehrplan".** Ziel ist es, dass außerschulische Lernorte – etwa lokale Landwirte, Unternehmen oder Nationalpark-/Naturparkangebote – Kindern und Jugendlichen ihr Lebensumfeld mit all ihren Eigenheiten nahebringen und die darin wirkenden Menschen vorstellen.

Lernen ist jedoch nicht ortsgebunden und muss nicht in der Bildungseinrichtung stattfinden. Die Natur entdecken Kinder und Jugendliche am besten, indem sie sich darin aufhalten. So lernen sie, diese zu achten, wertzuschätzen und nicht als selbstverständlich anzunehmen. Das Bildungsnetzwerk Hunsrück-Hochwald weist auf lokale Lernorte hin wie z.B. Imker, Obst- und Gartenbauern, Bauern, Naturerlebnisangebote, regionale Betriebe und traditionelle Handwerker. Aus erster Hand erfahren junge Menschen, welche Besonderheiten und Berufsfelder es in der eigenen Region gibt – und finden vielleicht auch Perspektiven für ihr eigenes späteres berufliches Leben in der Region.

Auch Lernorte mit kulturellen Inhalten, wie das frühere Leben der Römer und Kelten in der Hunsrück-Region, finden Beachtung. Museen, Burgen und Schlösser zu besuchen, kann nicht nur interessant sein, sondern auch im Wissen um die eigene Geschichte die regionale Identität fördern. Die direkten Erlebnisse und das außerschulische, handlungsorientierte Lernen bringen die eigene Heimat emotional näher.[5]

Bildung ist zur Vermittlung spezifischen regionalen Wissens elementar für eine innovative und zukunftsfähige Entwicklung. Die Verwurzelung in der eigenen Heimat ist für viele Menschen wichtig. Gerade angesichts zunehmender Globalisierung gibt die Rückbesinnung auf lokale Bezüge Halt und Sicherheit. Dabei sind Heimat und regionale Identität für jeden subjektiv unterschiedlich. Es gibt jedoch gewisse Grundmerkmale: das Wissen um regionale Besonderheiten, Naturräume, Geschichte und Geschichten. Je größer das Wissen um die eigene Region, umso höher ist die Wahrscheinlichkeit einer ausgeprägten regionalen Identität. Die Förderung dieser trägt dazu bei, dass sich Menschen in ihrer Heimat und aktiv für die Region einsetzen.

Gerade in jüngeren Generationen lockern sich Bindungen und ein Bewusstsein für die Potenziale vor Ort. Ein zentraler Ansatz ist daher bei Heranwachsenden und Schülern zu suchen, die durch ihr potenzielles Engagement selbst zu einer nachhaltigen Regionalentwicklung beitragen können.[6]

4. SAMMY – Das Maskottchen für die Nationalparkregion Hunsrück-Hochwald

Der Regionalentwicklungsverein Hunsrück-Hochwald hat ein eigenes Maskottchen für die Nationalparkregion auf den Weg gebracht: Im Jahr 2020 wurde im Rahmen eines öffentlichen Wettbewerbs von einer unparteiischen Jury ein neuer Sympathieträger für die Nationalparkregion Hunsrück-Hochwald ausgewählt. Fast 50 Vorschläge wurden eingereicht. Einzige Vorgabe

5 Bildungsnetzwerk Hunsrück-Hochwald, www.regionale-bildung.de.
6 Regionalentwicklungsverein Hunsrück-Hochwald, www.regionalentwicklungsverein.de.

für die neue Identifikationsfigur war die Orientierung an einer Wildkatze, für die nicht nur jeweils ein zwei- und dreidimensionales Modell, sondern auch ein Storytelling mit einzureichen waren. Da der Wettbewerb für alle offen war, beteiligten sich nicht nur erfahrene Agenturen, sondern auch zahlreiche Privatpersonen, unter anderem viele Schüler und Jugendliche, die mit ihren Ideen ein reichhaltiges Spektrum an Vorschlägen vorlegten. Sieger wurde „Sammy", eine Katzenfigur im Ranger-Dress (vgl. Abb. 2). Der Regionalentwicklungsverein will nun durch verschiedene Maßnahmen dafür sorgen, den Sympathieträger „Sammy" in der eigenen Region, aber auch über Regions- und Ländergrenzen hinaus bekannt zu machen.[7]

Abb. 2: „SAMMY", das Maskottchen für die Nationalparkregion Hunsrück-Hochwald. Grafische Ausarbeitung: Agentur bildbad, Hofmann & Melsheimer GbR, Berlin.

7 Regionalentwicklungsverein Hunsrück-Hochwald, www.regionalentwicklungsverein.de.

Damit klar wird, wofür „Sammy" steht, welche Werte und Inhalte er verkörpert, wurde für das Maskottchen ein eigenes Wertekompendium entwickelt, das gleichzeitig Grundlage für die künftige Nutzung und den Einsatz des Maskottchens durch Dritte ist. Mit seinen Grundwerten wirkt Sammy identifikationsstiftend und als Imageträger bzw. Botschafter für die Nationalparkregion – sowohl nach innen (Bevölkerung und Wirtschaftsbetriebe der Nationalparkregion) als auch nach außen (Besucher der Nationalparkregion). Das Maskottchen zahlt damit auch langfristig in die soziokulturelle Nachhaltigkeit der Nationalparkregion Hunsrück-Hochwald ein.

Literaturverzeichnis

Bildungsnetzwerk Hunsrück-Hochwald (2022): https://www.regionale-bildung.de (Zugriff: 03.03.2023)

Regionalentwicklung Hunsrück-Hochwald e.V. (2018): Masterplan zur Regionalentwicklung Hunsrück-Hochwald, S. 42

Regionalentwicklung Hunsrück-Hochwald e.V. (2022): https://www.regionalentwicklungsverein.de (Zugriff: 03.03.2023)

Staatsvertrag zwischen dem Land Rheinland-Pfalz und dem Saarland über die Errichtung und Unterhaltung des Nationalparks Hunsrück-Hochwald vom 04.10.2014, https://faolex.fao.org/docs/pdf/ger147628.pdf (Zugriff: 03.03.2023)

Teil 2

Kathrin Nitschmann, Milena Valeva

Soziokulturell nachhaltig planen – Möglichkeiten und Grenzen des Rechts

1. Einleitung

Die Beteiligung der Bürger an öffentlichen Planungsentscheidungen, die letztlich auch soziokulturelle Auswirkungen haben, hat sich seit den 60er Jahren in Deutschland zugunsten von mehr Mitspracherecht der Bürger weiterentwickelt. Dies hat insbesondere im Gesetz zur Bauleitplanung, aber auch grundsätzlich in den allgemeinen Regelungen für förmliche Planverfahren Ausdruck gefunden. Gleichwohl lässt sich die gesetzlich vorgesehene Bürgerbeteiligung respektive Öffentlichkeitsbeteiligung auf der Realisierungsebene weiterhin kritisch betrachten, da sie dem Anspruch an ein informiertes Mitsprache- und Mitgestaltungsrecht vielfach nicht genügen dürfte. Dies wirft die Frage auf, ob die gesetzlich vorgesehenen Mechanismen der Nachbesserung bedürfen, oder ob es schlicht an effektiver Umsetzung bestehender Vorschriften mangelt. Zugleich rühren derartige Überlegungen an dem Prinzip der repräsentativen Demokratie.

Mit dem Nachhaltigkeitsgrundsatz werden aus der Perspektive des deutschen öffentlichen Rechts, typischerweise das Umwelt- und Planungsrecht assoziiert. Der Bezug zur Nachhaltigkeit ist in diesen Rechtsbereichen auf inhaltlich-materieller Ebene vor allem ökologischer Natur. Daneben sind es auf formeller Ebene – freilich mit inhaltlicher Tragweite – vor allem Strukturen der Bürgerbeteiligung, die einen grundlegenden Beitrag zur Nachhaltigkeit bereits auf Ebene der Planung leisten und damit wesentlicher Bestandteil der Nachhaltigkeitsstrategie im Sinne der Agenda 2030 sind.

Vor allem mit Blick auf die ökologischen Säulen der Nachhaltigkeit und konkret die Herausforderungen an eine sozialverträgliche Klimapolitik werden im Kontext von Kommunal- bzw. Stadtplanung aktuell in der rechtlichen Diskussion die Möglichkeiten einer partizipativen Politikgestaltung aufgegriffen.[1] Dies ist angesichts der teilweise bereits spürbaren existenziellen Folgen, welche die Umsetzung der Energiewende für den Einzelnen

1 Siehe etwa Renn, Ortwin, Sozialverträgliche Klimapolitik: Möglichkeiten einer partizipativen Politikgestaltung, KlimR 2022, 276–279; grundsätzlich zur Beteiligung im Umwelt- und

haben, sinnvoll und verständlich. Der ganzheitliche Ansatz der Agenda 2030 geht freilich über die ökologische Perspektive hinaus und impliziert zur Stärkung nachhaltiger Entwicklung die Bürgerbeteiligung in allen Bereichen stärker zu akzentuieren, um die Akzeptanz von Entscheidungen zu erhöhen und diese damit nachhaltiger werden zu lassen. Insbesondere kann eine entsprechende Teilhabe die Verringerung von Ungleichheiten im Sinne des Zieles 10 der Nachhaltigkeitsziele ermöglichen sowie die weitere Entwicklung von nachhaltigen, inklusiven Städten und Gemeinden im Sinne des Zieles 11 fördern. Nicht zuletzt wird ein Beitrag zum sozialen Frieden geleistet, und neue Dimensionen eines gemeinschaftlichen Zusammenlebens tun sich auf. Die Mitsprache an der Gestaltung des Lebensumfelds und die Einflussnahme auf kommunale/städtebauliche Projekte, welche immer auch Auswirkungen auf den soziokulturellen Status quo haben, können dazu beitragen, das Demokratieempfinden anders aufleben zu lassen und im weitesten Sinne „Umweltgerechtigkeit" an der Schnittstelle von Umwelt-, Sozial- und Gesundheitspolitik zu befördern.[2] Dies stellt kommunale Entscheidungsträger gerade in strukturschwachen Räumen zweifellos vor besondere Herausforderungen, die nicht ausschließlich durch den Rückgriff auf rechtliche Instrumente zu bewältigen sind. Indes bietet das Recht insbesondere im Baugesetzbuch bei näherem Hinsehen sehr plakative Beschreibungen von Belangen, die es bei Planungsentscheidungen im Sinne einer auch sozial verstandenen städtebaulichen Harmonie zu berücksichtigen gilt und kann so – ungeachtet seiner ohnehin gegebenen Verbindlichkeit bei der Bauleitplanung – als Inspirationsquelle für eine nachhaltige kommunale Planung bis hin zu den sozialen Räumen herhalten, ohne freilich dabei abschließend zu sein.

Die Bürgerbeteiligung ist als verfahrensorientierte Öffentlichkeitsbeteiligung[3] ein Schwerpunkt in der kommunalen Bauleitplanung, welche durch verschiedene Planungsinstrumente die nachhaltige städtebauliche Entwicklung steuern kann und für städtebauliche Harmonie, die nicht zuletzt auch die soziokulturellen Strukturen umfasst, in der Gemeinde sorgen soll. Festzustellen ist jedoch, dass trotz des sich an „jedermann" richtenden rechtlichen Angebots zur Mitsprache, das bürgerschaftliche Engagement etwa von sozial benachteiligten Bevölkerungsgruppen eher gering ausfällt, während sich etablierte Bevölkerungsteile aktiv hervortun. Die Gründe dafür sind

---

Planungsrecht Stender-Vorwachs, Jutta, Neue Formen der Bürgerbeteiligung, NVwZ 2012, 1061–1066

2 Dazu Dieckmann, Umweltgerechtigkeit in der Stadtplanung NVwZ 2013, 1575–1581

3 Zur Unterscheidung von Bürgerbeteiligung und Öffentlichkeitsbeteiligung Stender-Vorwachs (Fn. 1) 1061,1062

divers – lassen jedoch vermuten, dass Potenzial für Handlungsimpulse der verantwortlichen Städte und Gemeinden in Richtung „Empowerment" von unterrepräsentierten Gruppen vorhanden ist.

Der folgende Beitrag skizziert die rechtlichen Voraussetzungen für die im Gesetz als „Öffentlichkeitsbeteiligung" bezeichnete Form der Bürgerbeteiligung vor dem Hintergrund eines ganzheitlichen Nachhaltigkeitsanspruchs in der kommunalen Bauleitplanung und zeigt damit exemplarisch Potenzial und Grenzen der Bürgerbeteiligung auch für die Entwicklung soziokultureller Infrastruktur auf. Auf der untersten Ebene der Raumordnung und jenseits von Fachplanungen werden hier unmittelbare Auswirkungen nicht nur auf Umwelt- und Wirtschaft, sondern auch auf das soziale Miteinander sichtbar.

2. Dimensionen der Nachhaltigkeit als verbindliches Prinzip der Bauleitplanung

Der Begriff der Nachhaltigkeit wird – trotz seiner fortwährenden Aktualität und den sich damit verbundenen gesellschaftspolitischen Herausforderungen – teilweise zur „Alltags-Floskel" erklärt und in der rechtswissenschaftlichen Diskussion mit Blick auf seine inhaltliche Unbestimmtheit und Vielschichtigkeit durchaus kritisch gesehen.[4] Klassischerweise werden die Kanones der Auslegung bemüht, um einen unbestimmten Rechtsbegriff inhaltlich zu konkretisieren.[5] Für die Nachhaltigkeit dürften dabei in erster Linie der Regelungszusammenhang und die Bedeutung im Gesamtsystem – nicht nur des deutschen, sondern auch europäischen Rechts eine Rolle spielen. Im Umweltrecht hat sich die Nachhaltigkeit, deren Grundgedanken aus der Forstwirtschaft kommend (Carlowitz „Sylvicultura oeconomica") auf den Beginn des 18. Jahrhunderts zurückgeht und erst in den 70er Jahren des 20. Jahrhunderts den noch heute andauernden Aufschwung erfahren hat unterdessen etabliert.[6] Das heutige Verständnis der Nachhaltigkeit beruht im Wesentlichen auf dem 1987 veröffentlichten Bericht „Unsere gemeinsame Zukunft" der UN-Kommission für Umwelt und Entwicklung (*Brundtland*-Report), der unter *sustainable development* eine Entwicklung versteht „die den Bedürfnissen der heutigen Generation entspricht, ohne die Mög-

4 Ronellenfitsch, Michael, Umwelt und Verkehr unter dem Einfluss des Nachhaltigkeitsprinzips, NVwZ 2006, 385–389, 385

5 Eine Einführung gibt Muthorst, Olaf, Auslegung: Eine Einführung, JA 2013, 721–727

6 Siehe zur Wortschöpfung Grober, Ulrich, Die Entdeckung der Nachhaltigkeit, 114. München 2013; zur Entwicklung auch Ronellenfitsch (Fn. 4), 385, 386

lichkeiten künftiger Generationen zu gefährden, ihre eigenen Bedürfnisse zu befriedigen und ihren Lebensstil zu wählen".[7]

Das magische Dreieck der Nachhaltigkeit ist allseits gängig, rechtliche Ansätze finden sich sowohl in internationalen, europäischen Vorgaben als auch im deutschen Recht. Der Schwerpunkt liegt dabei vielfach auf der ökologischen Säule, so auch im deutschen Grundgesetz in Art. 20a GG.[8]

Inhaltlich kommt der Nachhaltigkeit in der rechtlichen Diskussion die Qualität eines Abwägungsgesichtspunkts zu, welcher im Rahmen der gerechten Abwägung zu berücksichtigen ist und sich auf das Ergebnis der Abwägung auswirkt. Ein anschauliches Beispiel für die Dreidimensionalität der Nachhaltigkeit im positiven Recht sind die Grundsätze der Bauleitplanung in § 1 Abs. 5, wonach Bauleitpläne eine nachhaltige städtebauliche Entwicklung gewährleisten sollen, welche die sozialen, wirtschaftlichen und umweltschützenden Anforderungen miteinander in Einklang bringt und eine dem Wohl der Allgemeinheit dienende sozialgerechte Bodennutzung sicherstellt. Zudem sollen sie dazu beitragen, eine menschenwürdige Umwelt zu sichern und die natürlichen Lebensgrundlagen zu schützen und zu entwickeln, sowie den Orts- und Landschaftsraum auch in Verantwortung gegenüber künftigen Generationen baukulturell zu gestalten.[9] Deutlich wird am Beispiel der Bauleitplanung, dass gerade auch der sozialen Gerechtigkeit Raum eingeräumt werden soll. Vor diesem Hintergrund ist die Normierung entsprechender Verfahrensformen zur „Öffentlichkeitsbeteiligung" nur die konsequente Fortsetzung dieses ganzheitlichen Ansatzes.

Angesichts des Befundes, dass Nachhaltigkeit sowohl eine materielle als auch eine formelle Komponente hat und beide bereits ihren Weg in das geschriebene Planungsrecht gefunden haben, liegt es nahe, nicht nur die materielle Komponente der Nachhaltigkeit – wie vielfach in der Literatur geschehen – zu betrachten, sondern das Augenmerk auch auf die formelle Komponente zu richten, welche gerechte bzw. nachhaltige Planungsentscheidungen überhaupt ermöglicht. Nachhaltigkeit durch Verfahren hat sei-

---

7 United Nations General Assembly Report of the World Commission on Environment and Development 1987, A/42/427 abrufbar unter https://digitallibrary.un.org/record/139811 (letzter Aufruf 29.12.22)

8 Rechtsvergleichend mit Blick auf die peruanische Gesetzgebung Nitschmann, Kathrin, Conceptos legales para la protección de los recursos naturales en Alemania con vista al Peru: Hace falta una ley transversal?, in: Zegarra-Valdivia, Diego (Hrsg.), Actas del Congreso Internacional por los cien años de la Facultad de Derecho de la PUCP, Lima 2019, 227–256

9 § 1 Abs. 5 BauGB in der Fassung der Bekanntmachung vom 03.11.2017, BGBl. I, 3634, zuletzt geändert durch Gesetz vom 04.01.2023, BGBl. 2023 I, Nr. 6

nen Platz in der wissenschaftlichen Literatur bereits gefunden und wird in den verschiedensten Anwendungsfeldern diskutiert.[10]

Im umweltrechtlichen Kontext hat auf internationaler Ebene das „Übereinkommen über den Zugang zu Informationen, die Öffentlichkeitsbeteiligung an Entscheidungsverfahren und den Zugang zu Gerichten in Umweltangelegenheiten", die sogenannte Aarhus-Konvention aus dem Jahre 1998 die Rechte von Bürger und Umweltverbänden bei umweltbezogenen Planungen gestärkt, indem sie subjektiven Verfahrensrechte gewährt. Nach diesem bedeutsamen völkerrechtlichen Vertrag, der Menschenrechte und Umweltschutz miteinander verknüpft und einen Beitrag zur Stärkung der Zivilgesellschaft leisten soll, hat die Öffentlichkeit die Möglichkeit, sich in Angelegenheiten rund um den Umweltschutz zu informieren und sich in staatliche Entscheidungsprozesse einzubringen. Die Konvention setzt bei dem Gedanken des „empowerments" des Einzelnen zugunsten des Umweltschutzes an und gewährt dem Einzelnen drei Rechte: „Informationszugang", „Öffentlichkeitsbeteiligung" und „Rechtsschutz" und konkretisiert damit ein – wenngleich nicht umfassend anerkanntes – Grundrecht auf Umwelt. Sie beruht auf einer demokratischen Theorie der Beteiligungsrechte in Sinne einer direkten „environmental democracy".[11] Für raumbezogene Planungen ergibt sich die Öffentlichkeitsbeteiligung aus Artikel 7 der Konvention und umfasst damit auch Bauleitpläne. Auf europäischer Ebene findet sich die Umsetzung der Konvention in der Umweltinformationsrichtlinie, der Öffentlichkeitsbeteiligungsrichtlinie und der Richtlinie zur strategischen Umweltprüfung,[12] deren Anforderungen in Deutschland wiederum in dem Umweltinformationsgesetz und dem Öffentlichkeitsbeteiligungsgesetz um-

---

10 Siehe etwa die Beiträge bei Kahl, Wolfgang (Hrsg.), Nachhaltigkeit durch Organisation und Verfahren, Tübingen 2016

11 Epiney, Astrid / Diezig, Stefan /Aarhus-Konvention Handkommentar, Pirker, Benedikt / Reitemeyer, Stefan, 1. Auflage, Baden-Baden 2018, Rn. 2; Fisahn, Andreas, Effektive Beteiligung solange noch alle Optionen offen sind – Öffentlichkeitsbeteiligung nach der Aarhus-Konvention, ZUR 2004, 136–140, 137; ausführlich Scherer/Heselhaus (Bearb.) in: Dauses, Manfred/Ludwigs, Markus, Handbuch des EU-Wirtschaftsrechts, Stand 57. EL August 2022, O. Umweltrecht, Rn. 307 ff.

12 Richtlinie 2003/4/EG des Europäischen Parlaments und des Rates vom 28. Januar 2003 über den Zugang der Öffentlichkeit zu Umweltinformationen und zur Aufhebung der Richtlinie 90/313/EWG des Rates, ABl. 41/26 vom 14.02.2003; Richtlinie 2003/35/EG des Europäischen Parlaments und des Rates vom 26. Mai 2003 über die Beteiligung der Öffentlichkeit bei der Ausarbeitung bestimmter umweltbezogener Pläne und Programme und zur Änderung der Richtlinien 85/337/EWG und 96/61/EG des Rates in Bezug auf die Öffentlichkeitsbeteiligung und den Zugang zu Gerichten, ABl. L 156/17 vom 25.6.2003; Richtlinie 2001/42/EG des Europäischen Parlaments und des Rates vom 27. Juni 2001

gesetzt worden sind.[13] Es wird bereits deutlich, dass Öffentlichkeitsbeteiligung ein dringendes Anliegen internationaler bzw. europäischer Politik und Gesetzgebung ist und mit dem Gedanken der Nachhaltigkeit untrennbar verknüpft ist.

3. Der Bürger als „Akteur“ im förmlichen Planverfahren aus deutscher Sicht

Zum besseren Verständnis des Bürgers als „Akteur“ im förmlichen Planverfahren bedarf es zunächst eines Blicks auf den Begriff der Partizipation im rechtlichen Kontext, bevor abschließend das deutsche Recht der Bauleitplanung und die vorhandenen Ausprägungen der „Öffentlichkeitsbeteiligung“ näher betrachtet wird.

a) Zum Begriff der Partizipation aus rechtlicher Sicht

Das Grundgesetz der Bundesrepublik Deutschland sieht in Artikel 20 Abs. 2 GG vor, dass das Volk Träger der Staatsgewalt ist. Dieses Demokratieprinzip ist in Deutschland als repräsentative Demokratie ausgestaltet, politische Entscheidungen werden über gewählte Volksvertreter getroffen und unterscheidet sich vom Modell der direkten bzw. unmittelbaren Demokratie, wie es beispielsweise in der Schweiz als Mischform besteht, wo die Bürger auf allen Ebenen ein Mitspracherecht haben.[14] Der Europäische Gesetzgeber hat sich, ausgehend von der repräsentativen Demokratie in Art. 10 Abs. 1, ausdrücklich für ein diese ergänzendes Modell der partizipativen Demokratie entschieden, Art. 10 Abs. 3 EUV. Dabei wird ausdrücklich davon ausgegangen, dass partizipative Demokratie als Ergänzung zu repräsentativer Demokratie der Normierung von Verfahrensrechten bedarf, um den status activus des Unionsbürgers auszugestalten.[15] Die Verpflichtung zur Bürgernähe wird in Art. 11 EUV weiter konkretisiert.

über die Prüfung der Auswirkungen bestimmter Pläne und Programme (SUP-Richtlinie), ABl. 197/30 vom 21.07.2001

13 Umweltinformationsgesetz in der Fassung der Bekanntmachung vom 27.10.2014, BGBl. I, 1643, zuletzt geändert durch Art. 2 des Gesetzes vom 25.02.2021, BGBl. I, 306; Gesetz über die Öffentlichkeitsbeteiligung in Umweltangelegenheiten nach der EG-Richtlinie 2003/35/EG vom 9.12.2006, BGBl. I, 2819.

14 Zum Modell der direkte Demokratie Böhm, Monika, Die direkte Demokratie in der Schweiz, DöV 2013, S. 1–6

15 Streinz, Rudolf/Huber, EUV/AEUV, 3. Aufl. München 2018, EUV Art. 10 Rn. 47–50

Seit der Einführung des BauGB im Jahr 1960[16] hat sich die Dimension der Öffentlichkeitsbeteiligung im deutschen Recht stark verändert – der Bürger ist, als Akteur auf dem Vormarsch. Bereits seit 1976[17] ist in § 2a BauGB die Beteiligung der Bürger bei der Bauleitplanung vorgesehen. Zuvor kam gem. § 2 Abs. 5 lediglich den Trägern öffentlicher Belange das Recht zur Stellungnahme zu. Seit dem Europarechtsanpassungsgesetz Bau von 2004[18] und durch den Einfluss der Öffentlichkeitsbeteiligungsrichtlinie spricht man im deutschen Planungsrecht formalisiert von der „Öffentlichkeitsbeteiligung".[19] In der Literatur wird jedoch auch von „Bürgerbeteiligung" gesprochen,[20] während der Begriff „Partizipation" rechtlich nicht gebräuchlich und eher dem Bereich der Sozialwissenschaft zuzuordnen ist. Davon ausgehend besteht die Annahme, dass Bürgerbeteiligung den Prozess beschreibe, der von Entscheidungsträgern initiiert werde, während die Partizipation hingegen eine Methode beschreibe, die von der Bevölkerung bzw. den Akteuren ausgehe.[21]

Nicht zu verwechseln ist die Öffentlichkeitsbeteiligung bzw. Bürgerbeteiligung mit den Regelungen zur Volksgesetzgebung nach dem Landesrecht der Bundesländer. Das Grundgesetz der Bundesrepublik Deutschland sieht in Artikel 20 Abs. 2 GG vor, dass das Volk Träger der Staatsgewalt ist. Dieses Demokratieprinzip ist in Deutschland als repräsentative Demokratie ausgestaltet, politische Entscheidungen werden über gewählte Volksvertreter getroffen. Volksentscheid und Bürgerentscheid dienen in Deutschland dazu,

16 Bundesbaugesetz vom 23. Juni 1960, BGBl. I 341–388; zur Entstehungsgeschichte siehe: Battis, Ulrich/Krautzberger, Michael/Löhr, Rolf-Peter, Baugesetzbuch: BauGB 15. Aufl. München 2022, Einleitung, Rn. 11–14

17 Bundesbaugesetz vom 18. August 1976, BGBl. I 2256

18 Gesetz zur Anpassung des Baugesetzbuchs an EU-Richtlinien vom 24. Juni 2004, BGBl. I 1359

19 Aus praktischer Sicht siehe Deutscher Städte und Gemeindebund, Dokumentation n° 41, Das BauGB 2004, Eine Arbeitshilfe für die kommunale Praxis, https://www.dstgb.de/dstgb/Homepage/Publikationen/Dokumentationen/Dokumentationen%20Nr.%201-50/doku41.pdf. (letzter Aufruf 08.03.23)

20 Zur Begrifflichkeit etwa Koch, Hans-Joachim/Hendler, Reinhard (Hrsg.), Baurecht, Raumordnungsrecht und Landesplanungsrecht, 6. Aufl. Stuttgart 2015, § 18, Rn. 21; Winter, Lars, Bauleitplanung und Internet: Beteiligungsverfahren des Baugesetzbuches im Wandel, Göttingen 2013, 25, 64; Stender-Vorwachs (Fn. 1), 1061, 1062

21 Weiterführend Vetter, Angelika/Remer-Bollow, Uwe, Was sagt die empirische Partizipationsforschung zu Bürgerbeteiligung?, in: Bürger und Beteiligung in der Demokratie. Grundwissen Politik, Wiesbaden 2017, 55–88, 61 f.; Thewes, Christoph/Saalbach, Claudia/Kohler, Ulrich, Bürgerbeteiligung bei umweltrelevanten Großprojekten, Universität Potsdam 2015, 9–12, https://www.uni-potsdam.de/fileadmin/projects/soziologie-methoden/pdf/beteiligung.pdf (letzter Aufruf 09.03.23)

Legitimationslücken, die sich aufgrund des Systems der parlamentarischen Demokratie auftun, wenn etwa Entscheidungen zu aktuellen Themen gefragt sind, zu schließen.[22] Bürgerentscheide sind in der Bauleitplanung nach den landesrechtlichen Vorschriften (z.B. § 17a GemO-RLP) in der Regel nicht zulässig.[23]

Wenn sich bereits mit Blick auf die genannten Institute der Volksgesetzgebung Schwierigkeiten innerhalb des Spannungsfeldes zwischen politischer Verpflichtung und rechtlicher Bindung ergeben, so kann das für die Öffentlichkeitsbeteiligung erst recht gelten – jedenfalls dann, wenn man sie auch jenseits der vorgesehenen Verfahrensformen im Rahmen von Planungen verorten möchte.

b) Das Bauleitplanverfahren im deutschen Recht

Die Bauleitplanung ist das zentrale Instrument des Allgemeinen Städtebaurechts und dient der städtebaulichen Entwicklung und Ordnung, zentrale Rechtsquelle ist das BauGB. [24] Als Instrumente der Bauleitplanung dienen gemäß § 1 Abs. 2 BauGB der Flächennutzungsplan als vorbereitender und der Bebauungsplan als verbindlicher Bauleitplan. Für die Aufstellung der Bauleitpläne sind die jeweiligen Gemeinden in eigener Verantwortung auf Grundlage ihrer kommunalen Selbstverwaltungsgarantie aus Art. 28 Abs. 2 GG zuständig.[25] Der Flächennutzungsplan stellt die geplante Art der Bodennutzung der Gemeindeflächen langfristig in seinen Grundzügen dar, er ist für das gesamte Gemeindegebiet aufzustellen und bildet die Grundlage für die städtebauliche Entwicklung und Ordnung der Gemeinde.[26] Zugleich sind Gemeindegebiete regelmäßig auch Gegenstand von Fachplanung und überörtlicher Planung (Raumplanung), wodurch die Bauleitplanung begrenzt wird.[27] Der Bebauungsplan gilt als rechtsverbindlicher Bauleitplan. Aus dem Entwicklungsgebot ergibt sich, dass der Bebauungsplan aus dem vorhandenen Flächennutzungsplan zu entwickeln ist, § 8 Abs. 2

---

22 Ausführlich dazu im Kontext mit der Frage der Bindungswirkung Salaw-Hanslmaier, Stefanie/Möller, Franz-Josef, Direkte und repräsentative Demokratie ZRP 2020, 77–80; zu den hohen Hemmschwellen von Volksgesetzgebung siehe Jung, Ottmar, Aktuelle Probleme der direkten Demokratie in Deutschland, ZRP 2000, 440–447, 441 f.

23 Siehe allerdings Burrack, Michael/Stein, Katrin, Plebiszit und Bauleitplanung und Bürgerbegehren/Bürgerentscheidung auf Bezirksebene, LKV 2009, 433–442

24 Battis/Krautzberger (Fn. 16), § 1 Rn. 1

25 Battis/Krautzberger (Fn. 16), § 1 Rn. 25

26 Näher zur Aufgabe des Flächennutzungsplans Battis/Krautzberger (Fn. 16), § 5 Rn. 4 ff.

27 Im Einzelnen Battis/Krautzberger (Fn. 24), § 1 Rn. 3–6

S. 1 BauGB. Anders als der Flächennutzungsplan wird der Bebauungsplan nicht für den Gesamtraum der Gemeinde aufgestellt, sondern lediglich für einzelne Gemeindeteilgebiete, womit örtlichen Gegebenheiten bis hin zu sozialen Strukturen Rechnung getragen werden kann. Das Verfahren zur Aufstellung von Bauleitplänen ist in den §§ 2 ff. BauGB geregelt.[28]

Der inhaltliche Aufgabenbereich der Bauleitplanung ergibt sich aus § 1 Abs. 1 BauGB, danach soll die bauliche und sonstige Nutzung der Grundstücke nach den formellen und materiellen Vorschriften des BauGB und den geltenden Vorschriften der Baunutzungsverordnung (BauNVO) vorbereitet werden. Der Nachhaltigkeit kommt in den Vorschriften zur Bauleitplanung in ihrer Dreidimensionalität zum Ausdruck und wird als Vorgabe für die planerische Abwägungssteuerung angesehen, welche auch die generationenübergreifenden Auswirkungen erfasst.[29] Nach den Planungsgrundsätzen des § 1 Abs. 5 S. 1 BauGB, der die allgemeinen Ziele zusammenfasst, soll die Bauleitplanung im Kern eine nachhaltige städtebauliche Entwicklung sichern, welche die sozialen, wirtschaftlichen und umweltschützenden Anforderungen auch in Verantwortung gegenüber den künftigen Generationen miteinander in Einklang bringt.[30] Konkret sollen die Stadtentwicklung respektive Stadtteile gestärkt, ein gesundes Städteklima gefördert sowie die städtebauliche Gestalt und das Orts- und Landschaftsbild baukulturell erhalten und entwickelt werden.[31] Bezogen auf die Baukultur geht das Ziel über einen rein ästhetischen Anspruch hinaus und erfasst übergreifend auch im Sinne des europäischen Leitbildes technische und ökonomische Aspekte.[32] Im Licht der Nachhaltigkeitsziele lenkt diese umfassende Zielsetzung des BauGB den Blick auf die Ziele 10 und 11 und damit auch auf die soziokulturellen Strukturen, welche die Gemeinden als örtliche Angelegenheit in ihrem Aufgabenbereich durch die Planung mit auf den Weg bringen. Dieser Ansatz wird durch die Planungsleitlinien des § 1 Abs. 6 BauGB weiter ausdifferenziert. Ausdrücklich werden in den Nr. 1 bis 14 beispielhaft und ohne abschließend zu sein allgemeine Ziele der Bauleitplanung anhand von unbestimmten Rechtsbegriffen beschrieben. Der Gemeinde kommt bezogen auf die inhaltliche Gewichtung der genannten Belange innerhalb der gebotenen gerechten Abwägung ein planerischer Gestaltungsspielraum

28 Einzelheiten bei Jeromin in Kröninger, Holger/Aschke, Manfred/Jeromin, Curt M., Baugesetzbuch, 4. Aufl. 2018, § 1 Rn. 50 ff.; Koch/Hendler, (Fn. 19), § 14 Rn. 9 ff.

29 Weiterführend Battis/Krautzberger (Fn. 24), Rn. 45

30 Battis/Krautzberger (Fn. 16), § 1 Rn. 44

31 M.w.N. Battis/Krautzberger (Fn. 16), § 1 Rn. 44

32 Unter Verweis auf die Neue Leipzig-Charta und m.w.N. Battis/Krautzberger (Fn. 24), Rn. 46b

zu.[33] Zu den genannten Belangen zählen unter anderem gesunde Wohnverhältnisse, sozial stabile Bevölkerungsstrukturen, die Baukultur, Umwelt- und Naturschutz, Wirtschaft, Klimaschutz- und Energiekonzepte sowie nicht zuletzt explizit die sozialen und kulturellen Bedürfnisse. Aus soziokultureller Perspektive hat die Bauleitplanung damit einen eindeutigen Auftrag, dieser umfasst etwa soziale Einrichtungen, kulturelle Begegnungsstätten, Bildungseinrichtungen, Anlagen und Einrichtungen des Gemeinbedarfs für Sport, Freizeit, Erholung, Grünflächen etc.[34] Angesichts der Auswirkungen, die die Gestaltung des öffentlichen Raums für die Bürger:innen hat, ist es nur natürlich, dass an der Mitgestaltung desselben ein großes Interesse bestehen sollte. Damit diese Interesse seinen Weg in die Entscheidung der verantwortlichen Akteure findet bedarf es entsprechender Strukturen, die wie bereits angedeutet, in Form einer formellen Öffentlichkeitsbeteiligung Eingang in das BauGB gefunden haben.

c) *Frühzeitige Öffentlichkeitsbeteiligung*

Angesichts der ökologischen, wirtschaftlichen und sozialen Relevanz, welche die Aufstellung von Bauleitplänen für die gesellschaftliche Entwicklung eines Raums hat, ist eine umfassende Beteiligungsmöglichkeit der Bürger erforderlich. Die folgende Übersicht über das Verfahren der Öffentlichkeitsbeteiligung bei der Bauleitplanung skizziert die Möglichkeiten der Bürger und lässt bei kritischer Lektüre aus Bürgersicht möglicherweise bereits Potenziale, aber auch Schwachstellen erahnen.

Das Bauplanungsrecht kennt zwei Stufen der Öffentlichkeitsbeteiligung: die frühzeitige Öffentlichkeitsbeteiligung nach § 3 Abs. 1 BauGB und die förmliche Öffentlichkeitsbeteiligung nach § 3 Abs. 2 BauGB. Der Planvorentwurf ist zunächst Gegenstand der frühzeitigen Beteiligung von Öffentlichkeit sowie darüber hinaus von Behörden und Trägern öffentlicher Belange nach §§ 3, 4 BauGB. Die frühzeitige Öffentlichkeitsbeteiligung geht auf die Anforderungen der Aarhus-Konvention zurück. Gemäß Artikel 6 Abs. 4 der Konvention ist die Öffentlichkeit zu einem Zeitpunkt zu beteiligen, zu dem noch alle Optionen offen sind und eine effektive Öffentlichkeitsbeteiligung stattfinden kann.[35] Der Gedanke hinter der frühzeitigen Beteiligung der Öffentlichkeit ist, dass die Planinhalte noch nicht verfestigt sein dürfen, sodass eine Einflussnahme auf die Planung gewährleistet werden kann.

---

33 Weiterführend Battis/Krautzberger (Fn. 24), § 1 Rn. 47–51

34 Ausführlich Battis/Krautzberger (Fn. 24), § 1 Rn. 57–59

35 Zur Entstehungsgeschichte des § 3 Battis/Krautzberger (Fn. 24), § 3 Rn. 2

In der Praxis wird häufig im Rahmen des Planaufstellungsbeschlusses nach § 2 Abs. 1 S. 2 BauGB ein erster Vorentwurf erarbeitet, welcher Gegenstand der frühzeitigen Öffentlichkeitsbeteiligung ist. Ein wichtiger Bestandteil dieses Vorentwurfs sind alternative Standort- und Ausführungsvarianten der Planung. Gesetzlich ist die frühzeitige Beteiligung jedoch nicht an den förmlichen Verfahrensbeginn (Aufstellungsbeschluss) gebunden und kann bei entsprechenden Voraussetzungen in vorherigen Phasen stattfinden, womit sich bereits im Anfangsstadium der Planung ein großes Potenzial für die Einbindung der Bürger:innen eröffnet. Sofern ausreichende Planvorstellungen, d.h. darlegungs- und erörterungsfähige Ziele und Zwecke der Planung, vorliegen, ist die frühzeitige Öffentlichkeitsbeteiligung schon vor dem Planaufstellungsbeschluss nach § 2 Abs. 1 BauGB möglich.[36]

Für die inhaltliche Durchführung und Gestaltung der frühen Öffentlichkeitsbeteiligung steht der Gemeinde ein gewisser Spielraum zur Verfügung, so bestehen in der Praxis bereits in einem frühen Verfahrensstadium Möglichkeiten, kreativ und effektiv die Bürger in den Planungsprozess einzubinden. Tatsächlich findet die frühzeitige Öffentlichkeitsbeteiligung häufig in Form einer Bürgerversammlung der jeweiligen Gemeinde oder Stadt- bzw. Ortsbezirks statt. Im Rahmen dieser Informationsveranstaltungen wird die Planung mit ihren Zielen und Zwecken dargestellt. Auch in Betracht kommende Planungsalternativen und Auswirkungen der Planung sind sachlich und transparent vorzutragen. Idealerweise sollte zwischen Gemeinde bzw. Planungsträgern und Bürgern ein Dialog zustande kommen und versucht werden, das Planvorhaben aus dem Blickwinkel der Bürger und der unmittelbar Betroffenen zu betrachten. Nur so kann eine echte Teilhabe „auf Augenhöhe" zur nachhaltigen Umsetzung von Projekten erreicht werden.[37]

Die baurechtliche frühzeitige Öffentlichkeitsbeteiligung diente im Jahre 2013 als Vorbild für Gesetzeserweiterung im Verwaltungsverfahrensrecht. Aufgrund der Entwicklungen und den heftigen Bürgerprotesten rund um das Verkehrsinfrastrukturprojekt „Stuttgart 21" hat der Gesetzgeber im Rahmen der Gesetzgebung reagiert.[38] Durch das sog. Planvereinheitlichungsgesetz wurden Regelungen zur Durchführung einer frühzeitigen Öffentlich-

36 Siehe Schrödter, Wolfgang (Hrsg.), Baugesetzbuch Kommentar, 8. Aufl. Baden-Baden 2015, § 3 Rn. 42; Battis/Krautzberger (Fn. 24), § 3 Rn. 8–11

37 Zu Funktionen und Chancen eine gleichberechtigten Teilhabe Stender-Vorwachs (Fn. 1), 1061, 1063

38 Dazu Köck, Wolfgang, Die Mitwirkung der Zivilgesellschaft am Verwaltungshandeln – eine Bilanz, ZUR 2016, 613–619 617 f.; Schrödter (Fn. 27), § 3, Rn. 7

keitsbeteiligung bei Großvorhaben in das Verwaltungsverfahrensgesetz integriert.[39]

Von der frühzeitigen Beteiligung der Öffentlichkeit, d.h. der Unterrichtung und der Erörterung, kann in Fällen von § 3 Abs. 1 S. 3 BauGB abgesehen werden. Diese Regelungen dienen zur Vereinfachung des Verfahrens und können zur Verkürzung der Verfahrensdauer führen.

Es deutet sich bereits an, dass das Verfahren der frühzeitigen Öffentlichkeitsbeteiligung Potenzial für einen gesellschaftszugewandten räumlichen Entwicklungsprozess bietet. Zugleich zeichnet sich aber auch ab, dass eventuelles Absehen von diesem Verfahren oder aber bestehende Informations- bzw. Kommunikationsspielräume der verantwortlichen Akteure auch zu Ungunsten eines möglichst diversen, breit angelegten Beteiligungsprozesses genutzt werden können.

d) Förmliche Öffentlichkeitsbeteiligung

Nach der Fertigstellung der beschlussfähigen Planunterlagen erfolgt die förmliche Beteiligung der Öffentlichkeit nach § 3 Abs. 2 BauGB mittels öffentlicher Auslegung des Bauleitplans inklusive seiner Begründung.[40] Während der einmonatigen Auslegung können Bürger die Unterlagen einsehen und ggf. Stellungnahmen abgeben, bevor der Bauleitplan beschlussreif wird. Gemäß § 3 Abs. 2 S. 1 BauGB ist der Entwurf des Bauleitplans einen Monat lang mit seiner Begründung und den wesentlichen, der Gemeinde bereits vorliegenden umweltbezogenen Stellungnahmen, öffentlich auszulegen. Eine Woche vor der einmonatigen Auslegung der Planentwürfe ist eine ortsübliche Bekanntmachung vorzunehmen. Dies geschieht im Regelfall in einer Tageszeitung oder in Amtsblatt der Gemeinde unter Nennung von Ort und die Dauer der Auslegung. Die Bekanntmachung der Offenlegung erfüllt die vom BverfG betonte Anstoßfunktion: Durch die Bekanntmachung soll das Interesse des Bürgers an Information und Beteiligung durch Anregungen und Bedenken bewusst gemacht werden.[41] Nach § 4a Abs. 4 BauGB ist die öffentliche Bekanntmachung ergänzend im Internet durchzu-

---

39 Gesetz zur Verbesserung der Öffentlichkeitsbeteiligung und Vereinheitlichung von Planfeststellungsverfahren vom 31.05.2013, BGBl. I 1388 vom 06.06.2013

40 Ausführlich Battis/Krautzberger (Fn. 24), § 3 Rn. 12–21

41 Zur Anstoßfunktion siehe BVerwG, U. v. 17.09.2008, Az. 4BN 22.08, juris; zu den Arten umweltbezogener Informationen BVerwG, U. v. 18.7.2013, Az. 4 CN 3.12, juris; BVerwG, Urteil vom 06.06.2019, Az. 4 CN 7.18; siehe auch Schindler, Jörg/Brenner, Anja, Umweltbezogene Informationen, ihre Bekanntmachung und Verfügbarkeit i.S.v. § 3 II BauGB, NVwZ 2015, 644–648; Battis/Krautzberger (Fn. 24), § 3 Rn. 14a

führen.[42] Die Bürger müssen von der Gemeinde darüber informiert werden, dass in dem Verfahren Stellungnahmen abgegeben werden können und dass ggf. verspätet abgegebene Stellungnahmen im weiteren Verfahren unberücksichtigt bleiben können (verfahrensrechtliche Präklusionswirkung). Die abgegebenen Stellungnahmen werden geprüft, das Ergebnis dieser Prüfung mitgeteilt. Eine Ausnahme sieht das Gesetz bei sog. Massenverfahren vor, in denen mehr als 50 Personen Stellungnahmen abgegeben haben. Diesen Personen ist Einsicht in das Ergebnis der Prüfung zu gewähren.[43]

Die öffentlichen und privaten Belange, die während des förmlichen Verfahrens rechtzeitig, innerhalb der Frist, abgegeben wurden, sind nach dem Abwägungsgebot gemäß § 1 Abs. 7 BauGB untereinander und gegeneinander gerecht abzuwägen. Gemäß § 4a Abs. 3 BauGB muss, worauf die Rechtsprechung wiederholt mit Blick auf die Garantiefunktion dieser Vorschrift hingewiesen hat, bei wesentlichen Änderungen die öffentliche Auslegung und der Abwägungsvorgang erneut durchgeführt und das Ergebnis nach § 3 Abs. 2 S. 4 BauGB mitgeteilt werden.[44] Die Bedeutung der Vorschriften für die Öffentlichkeitsbeteiligung wird durch einen Blick auf die Fehlerregelungen des § 214 BauGB deutlich. Unterlaufen den Gemeinden hier Fehler, etwa bei der Auslegungsdauer, dem Auslegungsort oder den Auslegungsgegenständen, so ist von einem beachtlichen Fehler gemäß § 214 Abs. 1 S. 1 Nr. 2 BauGB auszugehen, was letztlich zur Unwirksamkeit des Bauleitplans führen kann.[45]

Das förmliche Verfahren bietet im Zusammenspiel mit der frühen Öffentlichkeitsbeteiligung einen rechtsverbindlichen Rahmen für die potenzielle Einbindung aller Bürger in die örtliche Planung. Angesichts des ganzheitlichen Anspruchs der Bauleitplanung bei der Steuerung des gemeindlichen Zusammenlebens bietet es damit auch einen Ansatzpunkt für die Mitbestimmung der Bürger bei der Entwicklung von soziokulturellen Räumen. Abhängig ist die Effizienz der Öffentlichkeitsbeteiligung freilich davon, wie

---

42 Zum Verfahren der Öffentlichkeitsbeteiligung im Baurecht Christner, Thomas/Walker, Benedikt, Anbruch des digitalen Zeitalters bei der öffentlichen Bekanntmachung im Rahmen der Bauleitplanung, KommJur 2018, 161–164

43 Vgl. Battis/Krautzberger (Fn. 24), § 3 Rn. 20

44 Zur erneuten Auslage eines Bauleitplanentwurfs.: BVerwG, U. v. 18.4.2016; Az. 4 BN 9.16, juris; BVerwG, U. v. 8.3.2017, Az. 4 CN 1.16, juris

45 Näher bei Stüer, Bernhard, Der Bebauungsplan: Städtebaurecht in der Praxis, 5. Aufl. Baden-Baden, 2015, Rn. 665 f.; Uechtritz, Michael, Anforderungen an die Bekanntmachung bei der erneuten Auslage eines Bebauungsplanentwurfs nach § 4a III BauGB, NVwZ 2014, 1355–1357; Decker, Andreas, Die förmliche Öffentlichkeitsbeteiligung im Bauleitplanverfahren über das Internet nach dem neuen § 4a Abs. 4 S. 1 BauGB ZfBR 2016, 225–228

attraktiv das Beteiligungsverfahren ausgestaltet wird, respektive wie viele und welche Bürger von dem Appell zur Mitwirkung erreicht werden.

e) Alternativen zum formell-gesetzlichen Verfahren

Das normierte Verfahren der Öffentlichkeitsbeteiligung dürfte zumindest theoretisch einen fruchtbaren Boden für Bürgerbeteiligung bieten. Aus praktischer Sicht lässt sich kritisieren, dass die Beteiligung häufig nicht dialogisch angelegt ist und es keinen Austausch zwischen Behörden, Vorhabenträgern und Bürgern gibt. Vielmehr beschränkt sich das Verfahren häufig auf die bloße Abgabe einer Stellungnahme und bürokratischen Schlagabtausch. Hier können sogenannte informelle Verfahren Abhilfe schaffen, welche mehr Bürger:innen ansprechen und in die Diskussion einbinden und damit eine Grundlage schaffen, potenziellen Akzeptanzdefiziten vorzubeugen und die Planungsentscheidungen im Sinne aller nachhaltiger zu gestalten.[46] Die in ständiger Weiterentwicklung befindlichen informellen Verfahrensweisen zeichnen sich durch ihren diskursiven und deliberativen Charakter aus und haben mitunter bemerkenswerte Wirkung.[47] In der Praxis manifestiert sich das Bedürfnis nach alternativen bzw. ergänzenden Modellen zur gesetzlich vorgesehenen Öffentlichkeitsbeteiligung an verschiedenen Varianten, die zur Teilhabe der Bürger an der Stadtentwicklung ausprobiert werden: Es finden sich Beispiele von Befragungen, World-Cafés, Bürgerinnenrat – Bürgercafé, Zukunftswerkstatt, Zukunftskonferenz, Rundem Tisch etc. Zu Recht wird in diesem Kontext der Appel an ein praxisorientiertes Qualitätsmanagement laut.[48] Auch der Gesetzgeber hat das Bedürfnis nach alternativen Beteiligungsformen immerhin erkannt und im Jahr 2013 mit der Regelung des § 4b BauGB die Mediation als ergänzendes Instrument zur Öffentlichkeitsbeteiligung normiert.[49] Die Mediation ist als Format ähn-

46 Zur Herausforderung inklusiver Gestaltung von Bürgerengagement: Siepker, Lena, Die Herausforderung ungleicher Teilhabechancen, in: Sommer, Jörg (Hrsg.), Kursbuch Bürgerbeteiligung #4, Berlin 2021, S. 158–172

47 Beispielhaft aus der Praxis zu Methodenerfahrungen siehe nur die Beiträge verschiedener Autoren in Sommer, Jörg (Hrsg.), Kursbuch Bürgerbeteiligung #3, Berlin 2019, S. 235–361

48 Zum Qualitätsmanagementsystem des Berlin Instituts für Partizipation siehe: Sommer, Jörg/Hagedorn, Hans, Gute Beteiligungskultur – auf dem Weg zu einem praxisorientierten Qualitätsmanagement in der Bürgerbeteiligung, in: Sommer, Jörg (Fn. 46), S. 147–158

49 Gesetz zur Stärkung der Innenentwicklung in den Städten und Gemeinden und der weiteren Fortentwicklung des Städtebaurechts', Bundesgesetzblatt Teil I2013 Nr. 29 vom 20.06.2013, 1548; zur Abgrenzung von anderen Formaten der Bürgerbeteiligung Rafi, Anusheh, Bürgerbeteiligung und Mediation – Überschneidungen und Unterschiede, in: Sommer, Jörg (Hrsg.), Kursbuch Bürgerbeteiligung #1, Berlin 2015, S. 95–102

lich wie andere alternative Beteiligungsformate geeignet, Transparenz und Glaubwürdigkeit zu schaffen, Expertenwissen der Bürger zu nutzen und nachhaltige Akzeptanz für Entscheidungen zu generieren.[50]

Nach § 4b BauGB ist die Gemeinde befugt, die Durchführung einer Mediation auf einen Dritten zu übertragen. Dabei handelt es sich um ein informelles Öffentlichkeitsbeteiligungsinstrument und ist es stets als ergänzendes freiwilliges Verfahren anzusehen. Voraussetzung für die Anwendung der Mediation gemäß § 4b S. 2 BauGB ist, dass es sich um einen kompromissfähigen Konflikt handelt.[51] Das in Anlehnung an die EU-Richtlinie 2008/52/EG[52] am 26.7.2012 in Kraft getretene Mediationsgesetz[53] beinhaltet die wesentlichen Merkmale der Mediation. Die gewonnenen Ergebnisse aus dem baurechtlichen Mediationsverfahren können als eigenständiger Belang in den Abwägungsvorgang der Gemeinde gemäß § 1 Abs. 7 BauGB einbezogen und gewichtet werden und somit das abschließende Planungsergebnis beeinflussen. Das Ergebnis der Mediation hat lediglich eine unterstützende Wirkung im Verfahren der Bauleitplanung und ist gleichgestellt mit anderen Belangen.[54]

f) Gesetzliche Änderungen zur E-Partizipation durch die BauGB-Novelle 2017

Durch die BauGB-Novelle von 2017[55] wurde in § 4a Abs. 4 BauGB verbindlich geregelt, dass der Inhalt der Auslegungsbekanntmachung nach § 3 Abs. 2 S. 2 BauGB zusätzlich von der Gemeinde in das Internet einzustellen ist. Gemäß § 4a Abs. 4 S. 1 BauGB sind der Inhalt der ortsüblichen

---

50 Dazu mit Beispielen aus der Praxis Donhauser, Thomas, Mediation in der Bürgerbeteiligung, in: Sommer, Jörg (Hrsg.), Kursbuch Bürgerbeteiligung #4, Berlin 2022, S. 103–119

51 Grooterhorst, Ursula, Mediation im Bauleitplanverfahren als freiwillige Ergänzung zur Öffentlichkeitsbeteiligung, KommJur 2018, 324–328, 325; Battis, Ulrich, Mediation in der Bauleitplanung, DÖV 2011, 340–345, 343

52 Richtlinie 2008/52/EG des europäischen Parlaments und des Rates vom 21.5.2008 über bestimmte Aspekte der Mediation in Zivil- und Handelssachen, ABl. EU 2008, L 136/3

53 Gesetz zur Förderung der Mediation und anderer Verfahren der außergerichtlichen Konfliktbeilegung vom 21.7.2012, BGBl

54 Grooterhorst (Fn. 37), 326; Durinke, Corinna/Durinke, Peter, Rechtlicher Rahmen und Grenzen von informelle Beteiligungsprozesse, KommJur 2016, 241–248, 247

55 BauGB Novelle 2017 aufgrund Richtlinie 2014/52/EU des Europäischen Parlaments und des Rates vom 16. April 2014 zur Änderung der Richtlinie 2011/92/EU über die Umweltverträglichkeitsprüfung bei bestimmten öffentlichen und privaten Projekten Text von Bedeutung für den EWR und der Umsetzung der Richtlinie 2014/52/EU in nationales Recht durch „Gesetz zur Umsetzung der Richtlinie 2014/52/EU im Städtebaurecht und zur Stärkung des neuen Zusammenhalts in der Stadt" vom 04.05.2017, BGBl I, 1057

Bekanntmachung nach § 3 Abs. 2 S. 2 BauGB und die nach § 3 Abs. 1 BauGB auszulegenden Unterlagen zusätzlich in das Internet einzustellen und über ein zentrales Internetportal des Landes zugänglich zu machen. Aus § 214 Abs. 1 S. 1 Nr. 2 Hs. 1 BauGB folgt, dass die in § 4a Abs. 4 S. 1 BauGB vorgeschriebene Einstellung in das Internet Wirksamkeitsvoraussetzung für den Bauleitplan ist.

Die digitale Information und der damit verbundene Anstoß zur Beteiligung kann den Adressatenkreis beteiligungswilliger Bürger erweitern und zugleich die Arbeitsvorgänge der Verwaltung effektiver gestalten. Voraussetzung ist auch dabei, dass das die Daten den Bürger:innen in leicht zugänglicher, verständlicher und ansprechender Form dargeboten werden.[56]

4. Fazit

Gelebte Bürgerbeteiligung mit dem Ziel nachhaltiger Entscheidungsfindung im Bereich Umwelt, Wirtschaft und Soziales braucht zugängliche Verfahrensformen und Verfahren brauchen Akteure, die sie anleiten und mit Leben füllen. Wiewohl es dem Gesetzgeber offenbar ein Anliegen ist, bei örtlichen Vorhaben die unmittelbar Betroffenen mit einzubeziehen, fehlt es häufig an bürgernaher Umsetzung. Grundlage für Letztere sind Transparenz und Information seitens der Behörden und Vorhabenträger, funktionierende, zeitgemäße und kreative Modelle der Teilhabe sowie ein Interesse auf Seiten der Bürger. Während sich zweifellos Best-practice-Beispiele für gelungene Bürgerbeteiligung finden lassen, die häufig auf eine zunehmende Emanzipationsbewegung der Bürger zurückgehen, gibt es jedoch auch Szenarien, in denen dem Bürger in der öffentlichen Auseinandersetzung wenig Verständnis entgegengebracht wird. Die Rede ist u.a. von „Wutbürgern", die sich von Behörden an den Rand gedrängt sehen, was einem demokratischen Staatsverständnis zuwiderläuft.[57] Das Einfordern und Umsetzen von Bürgerbeteiligung birgt die Chance von qualitativ nachhaltigeren Planungsentscheidungen, die auf mehr Verständnis stoßen und vom Bürger in eigener Verantwortung mitgetragen werden. Gegen das Anliegen von mehr effektiver Bürgerbeteiligung spricht auch nicht das Prinzip der repräsentativen Demokratie – die Legitimität der gewählten Politiker wird nicht infrage

---

56 Winter (Fn. 19), 25; Hartmann, Bernd J., Digitale Partizipation, Chancen und Risiken elektronischer Bürgerbeteiligungen in Verwaltungsverfahren, MMR 2017, 383–386, 385

57 Richter, Stefan, Demokratie am Scheideweg – Von der Bürgerbeteiligung zur Mitverantwortung, in: Sommer, Jörg (Hrsg.) Kursbuch Bürgerbeteiligung #3, Berlin 2019, S. 58–76, 59 f.

gestellt. Das zeichnet sich nicht nur in den Europäischen Vorgaben zum Miteinander der europäischen Institutionen und EU-Bürger ab, sondern wird auch durch die – zunehmend bürgerorientierte – Einbindung von Verfahrensformen zu Partizipation in den geltenden Planungsvorschriften deutlich. Die Herausforderung liegt dabei in der zeitgemäßen, gesellschaftszugewandten Umsetzung, die sicherlich in Zukunft noch einen stärkeren Rückgriff auf Informationstechnologien erfordert. Wenn vom Bürger ein Mehr an Mitverantwortung zur Erhaltung des öffentlichen Raumes verlangt werden soll, so ist es nur konsequent, ihn ohne allzu große Hürden an der Vorbereitung von gestalterischen Entscheidung zu beteiligen – und zwar nicht nur der Form halber. Dabei sollte nicht nur denen die Stimme gegeben werden, die ohnehin in der Lage sind, sie sich zu nehmen, sondern gerade auch denjenigen, die gesellschaftlich benachteiligt sind und denen es in besonderer Weise an den Grundvoraussetzungen zu einer Teilnahme fehlt.

Integrative Städte und Gemeinden und der Abbau von Ungleichheiten fordern eine gesellschaftszugewandte Perspektive der verantwortlichen Akteure, um Qualitäten und Bedarfe des Sozialraums zu erfassen und die Bürger auf dem Weg der Entwicklung adressatenorientiert einzubinden. Dabei dürfte der Rückgriff auf gesetzlich vorgesehene formale Beteiligungsformate häufig nicht genügen, sondern es sind Alternativen gefragt, welche den Zugangsmöglichkeiten der betroffenen Bürger:innen entsprechen. Dass nicht nur die ökologische und wirtschaftliche, sondern auch die soziokulturelle gemeindliche Entwicklung stark abhängig von der geografischen Einbettung des Raumes ist, belegt das Forschungsprojekt SoNaR-P, bei dem die Herausforderung der Bildung einer nationalparkzentrierten Identität als gesamtgesellschaftliches Anliegen sichtbar wird. Auch für diesen Raum gilt, dass vorhandene Potenziale durch effektive Bürgerbeteiligung besser öffentlich gemacht und genutzt werden können.

Literaturverzeichnis

Battis, Ulrich, Mediation in der Bauleitplanung, DÖV 2011, S. 340–345

Battis, Ulrich/Krautzberger, Michael/Löhr, Rolf-Peter, Baugesetzbuch: BauGB 15. Aufl. München 2022, C.H. Beck

Böhm, Monika, Die direkte Demokratie in der Schweiz, DöV 2013, S. 1–6

Burrack, Michael/Stein, Katrin, Plebiszit und Bauleitplanung und Plebiszit und Bauleitplanung und Bürgerbegehren/Bürgerentscheidung auf Bezirksebene, LKV 2009, S. 433–442

Dauses, Manfred/Ludwigs, Markus, Handbuch des EU-Wirtschaftsrechts, Stand 57. EL August 2022

Decker, Andreas, Die förmliche Öffentlichkeitsbeteiligung im Bauleitplanverfahren über das Internet nach dem neuen § 4a Abs. 4 1 BauGB ZfBR 2016, S. 325–328

Deutscher Städte- und Gemeindebund, Dokumentation n° 41, Das BauGB 2004, Eine Arbeitshilfe für die kommunale Praxis, https://www.dstgb.de/dstgb/Homepage/Publikationen/Dokumentationen/Dokumentationen%20Nr.%201-50/doku41.pdf. (letzter Aufruf 08.03.23)

Dieckmann, Nina (2013): Umweltgerechtigkeit in der Stadtplanung NVwZ, S. 1575–1581

Donhauser, Thomas, Mediation in der Bürgerbeteiligung, in: Sommer, Jörg (Hrsg.), Kursbuch Bürgerbeteiligung #4, Berlin Institut für Partizipation, Berlin 2021, S. 103–119

Durinke, Corinna/Durinke, Peter, Rechtlicher Rahmen und Grenzen von informellen Beteiligungsprozessen, KommJur 2016, S. 241–248

Epiney, Astrid/Diezig, Stefan/Aarhus-Konvention Handkommentar, Pirker, Benedikt/Reitemeyer, Stefan, 1. Auflage, Baden-Baden 2018, Nomos

Fisahn, Andreas, Effektive Beteiligung solange noch alle Optionen offen sind – Öffentlichkeitsbeteiligung nach der Aarhuus-Konvention, ZUR 2004, S. 136–140

Grober, Ulrich, Die Entdeckung der Nachhaltigkeit, München 2013, Kunstmann

Grooterhorst,Ursula, Mediation im Bauleitplanverfahren als freiwillige Ergänzung zur Öffentlichkeitsbeteiligung, KommJur 2018, S. 324–328

Hartmann, Bernd J., Digitale Partizipation, Chancen und Risiken elektronischer Bürgerbeteiligungen in Verwaltungsverfahren, MMR 2017, 383–386

Jung, Ottmar, Aktuelle Probleme der direkten Demokratie in Deutschland, ZRP 2000, S. 440–447

Kahl, Wolfgang (Hrsg.), Nachhaltigkeit durch Organisation und Verfahren, Tübingen 2016, Mohr Siebeck

Koch, Hans-Joachim/Hendler, Reinhard (Hrsg.), Baurecht, Raumordnungsrecht und Landesplanungsrecht , 6. Aufl. Stuttgart 2015

Köck, Wolfgang, Die Mitwirkung der Zivilgesellschaft am Verwaltungshandeln – eine Bilanz, ZUR 2016, S. 643–649

Kröninger, Holger/Aschke, Manfred/Jeromin, Curt M., Baugesetzbuch, 4. Aufl. München 2018, C.H. Beck

Muthorst, Olaf (2013): Auslegung: Eine Einführung, JA Heft 10, S. 721–727

Nitschmann, Kathrin, Conceptos legales para la protección de los recursos naturales en Alemania con vista al Peru: Hace falta una ley transversal?, in: Zegarra-Valdivia, Diego (Hrsg.), Actas del Congreso Internacional por los cien años de la Facultad de Derecho de la PUCP, Lima 2019, Palestra, S. 227–256

Rafi, Anusheh, Bürgerbeteiligung und Mediation – Überschneidungen und Unterschiede, in: Sommer, Jörg (Hrsg.), Kursbuch Bürgerbeteiligung #1, Berlin Institut für Partizipation, Berlin 2015, S. 95–102

Renn, Ortwin, Sozialverträgliche Klimapolitik: Möglichkeiten einer partizipativen Politikgestaltung, KlimR 2022, S. 276–279

Richter, Stefan, Demokratie am Scheideweg – Von der Bürgerbeteiligung zur Mitverantwortung, in: Sommer, Jörg (Hrsg.) Kursbuch Bürgerbeteiligung #3, Berlin Institut für Partizipation, Berlin 2019, S. 58–76

Ronellenfitsch, Michael (2006): Umwelt und Verkehr unter dem Einfluss des Nachhaltigkeitsprinzips, NVwZ 2006, S. 385–389

Salaw-Hanslmaier, Stefanie/Möller, Franz-Josef, Direkte und repräsentative Demokratie ZRP 2020, S. 77–80

Schindler, Jörg/Brenner, Anja, Umweltbezogene Informationen, ihre Bekanntmachung und Verfügbarkeit i.S.v. § 3 II BauGB, NVwZ 2015, S. 644–648

Schrödter, Wolfgang (Hrsg.), Baugesetzbuch Kommentar, 8. Aufl. Baden-Baden 2015, Nomos

Siepker, Lena, Die Herausforderung ungleicher Teilhabechancen, in: Sommer, Jörg (Hrsg.), Kursbuch Bürgerbeteiligung #4, Berlin Institut für Partizipation, Berlin 2021, S. 158–172

Sommer, Jörg (Hrsg.), Kursbuch Bürgerbeteiligung #3, Berlin Institut für Partizipation, Berlin 2019, S. 235–361

Sommer, Jörg/Hagedorn, Hans, Gute Beteiligungskultur – auf dem Weg zu einem praxisorientierten Qualitätsmanagement in der Bürgerbeteiligung, in Kursbuch Bürgerbeteiligung #4, Berlin Institut für Partizipation, Berlin 2021, S. 147–158

Salaw-Hanslmaier, Stefanie/Möller, Franz-Josef, Direkte und repräsentative Demokratie ZRP 2020, S. 77–80

Stender-Vorwachs, Jutta Neue Formen der Bürgerbeteiligung, NVwZ 2012, S. 1061–1066

Streinz, Rudolf/Huber, EUV/AEUV, 3. Aufl. München 2018, C.H. Beck

Stüer, Bernhard, Der Bebauungsplan: Städtebaurecht in der Praxis, 5. Aufl. Baden-Baden, 2015, Nomos

Thewes, Christoph/Saalbach, Claudia/Kohler, Ulrich, Bürgerbeteiligung bei umweltrelevanten Großprojekten, Universität Potsdam 2015, https://www.uni-potsdam.de/fileadmin/projects/soziologie-methoden/pdf/beteiligung.pdf (letzter Aufruf 09.03.23)

Christner, Thomas/Walker, Benedikt, Anbruch des digitalen Zeitalters bei der öffentlichen Bekanntmachung im Rahmen der Bauleitplanung, KommJur 2018, S. 161–164

Uechtritz, Michael, Anforderungen an die Bekanntmachung bei der erneuten Auslage eines Bebauungsplanentwurfs nach § 4a III BauGB, NVwZ 2014, S. 1355–1357

Vetter, Angelika/Remer-Bollow, Uwe, Was sagt die empirische Partizipationsforschung zu Bürgerbeteiligung?, in: Bürger und Beteiligung in der Demokratie. Grundwissen Politik, Wiesbaden 2017, Springer, S. 55–88

Winter, Lars, Bauleitplanung und Internet: Beteiligungsverfahren des Baugesetzbuches im Wandel, Göttingen 2013

Thomas Winschuh

Nachhaltige Planung durch Partizipation: die Aktivierung der Zivilgesellschaft braucht eine beteiligungsförderliche Verwaltungskultur

1. Einleitung

Die Beteiligung von Bürgerinnen und Bürgern an Prozessen der Planung und der Diskussion von Gestaltungsoptionen städtischer Infrastruktur- und anderer Projekte wird von Akteur:innen unterschiedlicher Funktionen als positiv angesehen. Und sie wird aus vielfältigen Gründen weiter zunehmen. Man könnte sogar behaupten, dass eine Ausweitung von Mitgestaltungsmöglichkeiten für eine gelingende Transformation z.B. von Gesellschaften in Richtung von mehr ökologischem und sozialem Ausgleich eine unverzichtbare, wenn auch keinesfalls hinreichende, Voraussetzung darstellt. Gleichwohl kann zum gegenwärtigen Stand der Entwicklung festgehalten werden, dass die konkrete Ausgestaltung von Bürgerbeteiligung in äußerst heterogener Qualität vorgenommen wird und nicht selten eine Art Feigenblatt der Beteiligung darstellt (Selle, aber auch verschiedene Autor:innen). Die Operationalisierung des (bau-)gesetzlich vorgegebenen Prozesses der Bürgerbeteiligung führt nicht selten aufgrund einer eher an Regelkonformismus orientierten formalisierten Praxis zu minimaler Mitwirkung der Bürgerinnen und Bürger. Selbst dort, wo die Einbeziehung der Bevölkerung auf freiwilliger und über das gesetzlich festgelegte Mindestmaß hinausgehende Initiative von Verwaltungen und Planungsinstitutionen fußt, die sich in Referenz auf das Modell der „kooperativen Demokratie" oder der „Bürgerkommune" (Holtkamp 2009) unter anderem mehr Implementierungseffizienz erhoffen, dient die Bürgerbeteiligung häufig nicht zuletzt als Akzeptanz- oder Legitimitätsgenerator. Da für die Initiierung und die Organisation von Beteiligungsverfahren vielfach Behörden und andere öffentliche Institutionen verantwortlich sind, ist an dieser Stelle danach zu fragen, warum in diesen „Anwendungssituationen" die Umsetzung von Bürgerbeteiligung hinter den vielfach artikulierten Ansprüchen zurückbleibt.

Aus der Organisationsforschung ist hinlänglich bekannt, dass die Handlungen der Organisationsmitglieder nicht nur durch Gesetze und formelle Vorgaben oder Vorschriften beeinflusst werden, sondern auch durch etwas, das man die informelle Organisation nennt (Kühl 2020). Diese informelle

Organisation besteht aus engeren oder lockeren Beziehungen, aus informellen Meinungsführerschaften, aus Abkürzungen der Informationswege und eben auch aus Gewohnheiten und Routinen, die in enger Verbindung mit den Grundüberzeugungen und der Organisationskultur stehen (Kühl 2020, Schein 2003). Es sind diese Einflüsse jenseits der offiziellen Normen, die das Handeln der Akteure zu einem sozialen macht, die der sozialen Praxis des Verwaltungsvollzugs Leben einhaucht. Es bedarf also weiterer positiver Einflüsse auf das Handeln des Verwaltungspersonals, wenn diese über die reine Vorgabe hinaus Beteiligungsprozesse organisieren und durchführen sollen, mittels derer es gelingt, die Bevölkerung stärker als bisher zu aktivieren und bei den sich Beteiligenden durch „echte" Effekte der Beteiligung das Gefühl der Sinnhaftigkeit der Teilnahme an solchen Verfahren zu stärken. Einer dieser förderlichen Einflussfaktoren besteht in der Herausbildung und Stärkung einer beteiligungsförderlichen Partizipationskultur innerhalb der politischen und administrativen Institutionen. Die hier präsentierte Argumentation zielt also darauf ab, eine Begründung der Relevanz einer beteiligungsförderlichen Partizipationskultur für gelingende Bürgerbeteiligung in Deutschland[1] zu formulieren.

Der Aufsatz will das bereits skizzierte Argument in folgender Weise darstellen bzw. entwickeln.

1. Im ersten Teil soll zunächst die zunehmende Notwendigkeit der Bürgerbeteiligung begründet werden.
2. Der zweite Teil stellt einen kurzen Exkurs zu den Anforderungen an einen funktionierenden Beteiligungsprozess dar, der veranschaulichen soll, wieso es nicht ausreicht, wenn hierbei wesentliche Prozessbeteiligte nur die gesetzlich vorgegebenen Minimalanforderungen als Orientierungsrahmen für ihr Handeln identifizieren.
3. Der dritte Teil des Aufsatzes befasst sich mit ersten empirischen Hinweisen auf das Partizipationsverständnis und die Einstellungen politischer Akteur:innen gegenüber der Öffentlichkeitsbeteiligung und kontrastiert diese Erkenntnisse einerseits mit der realen Vielfalt der Partizipationsverständnisse im Kontext konkreter Projektplanungen und andererseits mit Beschreibungen einer eher „legalistischen" Verwaltungskultur in Deutschland, die als Ausgangspunkt für die Kulturentwicklung eine Herausforderung darstellt.

---

1 Selbstverständlich gilt dieses Argument auch für andere Staaten. Aufgrund der Selektivität der rezipierten Literatur zur Vorbereitung des vorliegenden Artikels werden die hier vorgetragenen Überlegungen und Argumente aber zunächst einmal nur für den deutschen Kontext belegt.

2. Nachhaltige Planung braucht Partizipation

Die Gründe, warum sich Regierungen der verschiedenen gebietskörperschaftlichen Ebenen ernsthafte Gedanken darüber machen, verschiedene Stakeholder einer interessierten Öffentlichkeit stärker in Entscheidungsprozesse zu Infrastrukturprojekten oder alternativen Formen der Flächennutzung einzubeziehen, sind vielfältig. Man muss nicht die zugespitzte Analyse der gegenwärtigen Entwicklung in Richtung einer „Postdemokratie“ (Crouch 2008) teilen, um zu der Erkenntnis zu gelangen, dass politische Entscheidungen und die Ergebnisse von Planung öffentlicher Projekte in einer Legitimationskrise stecken. Ich möchte mich an dieser Stelle auf die Beschreibung von zwei Phänomenen beschränken, die die wachsende Notwendigkeit einer Öffnung für Beteiligung für den bundesdeutschen Zusammenhang argumentativ untermauern.

Das erste Argument betrifft die „Nachfrageseite“ der Partizipation. Die Mitbestimmungsansprüche in der deutschen Gesellschaft sind insgesamt stark angestiegen. In einer repräsentativen Befragung in bundesweit 27 Kommunen gaben 76 % der Befragten an, dass ein generelles Recht auf Mitsprache und Mitdiskutieren wichtig ist, bevor die gewählten Politiker Entscheidungen treffen. Aber auch unmittelbare Mitentscheidungsmöglichkeiten der direkten Demokratie auf kommunaler Ebene befürworten 69 % der Befragten (Bertelsmann-Stiftung 2014: S. 10). Es lässt sich somit der weit verbreitete Wunsch konstatieren, mitreden oder gelegentlich sogar mitentscheiden zu dürfen. Man könnte also sagen: Wenn die politisch und administrativ verantwortlichen Akteur:innen keine Protestbewegungen produzieren oder der Politikverdrossenheit weiteren Vorschub leisten wollen, dann kommen sie um die Gestaltung und Implementierung weiterer Mitwirkungsmöglichkeiten der Bürgerinnen und Bürger nicht herum. Was geschieht, wenn teilweise recht vernünftige Bürger:inneninteressen nicht oder nur zum Schein berücksichtigt werden, darüber legt die Eskalation der Ereignisse rund um das Großprojekt des Umbaus des Stuttgarter Hauptbahnhofs, bekannt geworden unter dem Namen „Stuttgart 21“, ein eindrucksvolles Zeugnis ab.

Der zweite Punkt bezieht sich auf die Dringlichkeit, Größenordnung und mit reichlich Komplexität und systemischen Wechselwirkungen verbundene Mega-Herausforderung eines ökologischen Umbaus unserer Gesellschaften und der Städte. Dieser wird nur gelingen können, wenn es den Planungsinstitutionen gelingt, die Zivilgesellschaft frühzeitig und konstruktiv in die Planungsprozesse einzubeziehen. Wieso das so wichtig ist, kann hier beispielhaft anhand des Themas des Trassenausbaus für die Energiewende erläutert werden. Während auf der Ebene politischer Rhetorik quer durch alle politischen Parteien Deutschlands ein mehr oder weniger verbindliches Bekenntnis zur Notwendigkeit einer Energiewende und damit verbunden einer drastischen Reduzierung des CO_2-Ausstoßes zu hören ist, stellt ein großes Hindernis die faktische Realisierung des Trassenausbaus zum Stromtransport von den Windkraftanlagen Nord- und Ostdeutschlands zu den Verbrauchern im Süden des Landes dar. Gerade auch aufgrund mangelnder Akzeptanz der konkreten Streckenführungen und entsprechender Klagen von Bürgerinitiativen vor den Verwaltungsgerichten vollzieht sich der erforderliche Trassenausbau im Schneckentempo: von den 6.100 Kilometern benötigter Trasse wurden bis 2016 nur 65 Kilometer gebaut und nur 350 Kilometer genehmigt (Kamlage/Nanz/Richter 2017: S. 57). An diesem Beispiel wird deutlich, wie sehr eine einigermaßen gelingende Antwort auf die mit dem Klimawandel einhergehenden Herausforderungen zur zügigen Umsetzung geeigneter Maßnahmen Akzeptanz und auch Mitwirkung mindestens der Betroffenen bedarf. Aus politikwissenschaftlicher Perspektive wird Bürgerbeteiligung als Prozedere angesehen, das zur Erarbeitung akzeptabler gemeinsamer Lösungen sogar in stark individualisierten und differenzierten Gesellschaften beitragen kann (Warren 2002, S. 684 f.)

Nun gibt es Beteiligungsangebote an Planungsprozessen, teilweise mit experimentellem Charakter, bereits seit mindestens den 1980er Jahren in Deutschland und gerade manche Projekte in deutschen Großstädten, wie z.B. Hamburg und Berlin, zeichnen sich durch eine lebhaftes Beteiligungsinteresse der Stadtbewohner:innen, aber auch einer gewachsenen Beteiligungsbereitschaft der Planungsakteur:innen aus. Allerdings kommen die Wissenschaftler:innen, die sich mich Stadtentwicklung befassen, mehrheitlich zu dem Ergebnis, dass Bürgerbeteiligung in Planungsprozessen in der Regel auf Akzeptanzförderung für bereits weitgehend existente und nicht selten abgeschlossene Planungen eingeengt und bislang noch viel zu wenig genutzt wird, um gerade in der Frühphase von Projekten eine möglichst weitreichende Einbeziehung verschiedener Interessen und Interessengruppen zu gewährleisten (Leggewie/Nanz 2015: S. 172). Nach Ansicht des Planungstheoretikers Klaus Selle lässt sich die vielfach etablierte Praxis der Bürgerbeteiligung „von oben“ als „Particitainment“ bezeichnen (Selle 2013: S. 275). Fairerweise muss hier ergänzt werden, dass dieses Problem nicht nur von Kultur und Haltungen der die Beteiligung organisierenden Akteur:innen abhängt, sondern auch strukturell schwierig ist, unter anderem wegen des sog. Beteiligungsdilemmas (siehe Punkt 4 unter den Anforderungen an das Prozessdesign).

Zwar werden im Allgemeinen mit einer Ausweitung der Beteiligungsmöglichkeiten vielfältige Hoffnungen verbunden – neben der durch Akzeptanzförderung leichteren Implementierbarkeit von Infrastrukturprojekten, zielen diese in der Regel auf die Stärkung der Demokratie und des sozialen Kapitals, aber auch auf die Verbesserung der Qualität von Entscheidungen zu zunehmend komplexeren Sachverhalten und Gestaltungsaufgaben (z.B. Vetter/Eith 2015: S. 50). Auch über den konkreten Beteiligungsprozess hinausreichende Effekte könnten sich einstellen, die sich sowohl in einer größeren Offenheit und Sensibilisierung der politischen und administrativen Eliten als auch in eine Revitalisierung des zivilgesellschaftlichen Vertrauens in Behörden und politische Institutionen ausdrücken könnte (Vetter/Eith 2015: S. 52). Doch das ist Zukunftsmusik. Kritische Beobachter des Themas begründen die eher defensive Nutzung von Beteiligungsverfahren initiiert durch Verwaltungs- und Planungsinstitutionen mit einer noch nicht hinreichend entwickelten Partizipationskultur (z.B. Leggewie/Nantz 2015: S. 173). Diese drückt sich sowohl in einer häufigen Nichtberücksichtigung der Anforderungen an gelingende Beteiligungsprozesse in der konkreten Gestaltung der Verfahren aus und ist teils begründet in den Einstellungen relevanter Akteure und deren Verständnissen von Partizipation.

3. Anforderungen an ein förderliches Prozessdesign für sinnvolle und produktive Beteiligungsprozesse

Zu den Voraussetzungen, die erfüllt sein sollten, damit Beteiligungsprozesse zu produktiven Ergebnissen gelangen und die Beteiligten sowohl den Prozess als auch ihre Mitwirkung daran als sinnvoll erleben, sind sich viele Wissenschaftler:innen einig (stellvertretend Leggewie/Nantz 2015: S. 177–178). Im Folgenden sollen diese Aspekte mit einer kurzen Erläuterung des Einflusses der Erfahrungen, Einstellungen und Deutungsmuster der Akteure auf die Berücksichtigung oder konkrete Ausgestaltung der Anforderungen verbunden werden.

1. Es bedarf einer klaren Zielstellung und klarer Definition der Art der Mitwirkung (Information, Konsultation, Mitentscheiden), damit keine falschen Erwartungen erzeugt und enttäuscht werden. Diese Gestaltungsanforderung ist als von den Einstellungen und Partizipationsverständnissen der Akteure relativ unabhängiger Faktor anzusehen, ist sie doch in der Regel durch die Art des Verfahrens und die in diesem Zusammenhang relevanten Rechtsgrundlagen geregelt. Einfluss im Sinne einer Handlungsfolge haben die Akteure hier aber dadurch, dass sie den sich Beteiligenden gegenüber über die Art der Mitwirkung von Anfang an Transparenz herstellen und keine irritierenden Signale kommunizieren.

2. Eine möglichst inklusive und repräsentative Rekrutierung der Teilnehmerschaft ist wichtig, damit sich die Teilhabe am politischen Meinungsbildungsprozess nicht ausschließlich auf die sog. „Beteiligungselite" beschränkt. Freiwilliges Engagement in Deutschland ist in hohem Maße sozial selektiv mit extremer Unterrepräsentation bildungsferner und einkommensschwächerer Milieus (Vogel et al. 2017, Simonson/Vogel 2017). Sollen im Kontext der ökologischen Transformation gerade auch die Interessen derjenigen Berücksichtigung finden, die häufiger von Lärm, Abgasen, innerstädtischer Überhitzung, schlechterem Zugang zu öffentlichen Grünflächen etc. betroffen sind, dann muss zu deren Einbindung eine zusätzliche und in der Regel besonders aufwendige Aktivierung unternommen werden. Für die Bewilligung und Initiierung dieser zusätzlichen Aktivität braucht es die Überzeugung, dass die Aktivierung dieser Zielgruppen möglich, sinnvoll und wichtig ist und den Aufwand lohnt. Und es bedarf der Erfahrung, dass es gelingen kann, zu guten Lösungen zu kommen auch dann, wenn die Konstellation der involvierten Interessengruppen umfassender ist und damit mehr Komplexität in die Diskussion von Entwürfen und Planungsaspekten hineingebracht wird.
3. Wichtig sind auch transparente Informationen zu Zielen, Beteiligten, Interessen und Absprachen, da hierdurch Vertrauen in den Beteiligungsprozess generiert wird und nicht der Eindruck entsteht, dass die grundlegenden Entscheidungen bereits durch die einflussreichsten Akteure getroffen wurden. Die Bereitschaft zu dieser Form der Transparenz setzt voraus, dass Akteure der Planungsinstitutionen selbst die Informationen an die Bürgerinnen und Bürger weitergeben, die zu Konflikten führen könnten, die dann wiederum gemeinsam gelöst werden müssten. Mit anderen Worten: Gefordert ist die Überzeugung, die die Ansicht vertritt, dass es sich lohnen kann, die eigene Aufgabe bewusst zu verkomplizieren.
4. Ein tatsächlicher Gestaltungsspielraum muss gegeben sein, der durch eine frühe Einbeziehung der Bürgerinnen und Bürger erreicht werden kann. Eng hiermit verbunden ist allerdings das sogenannte Beteiligungsdilemma. Je früher Beteiligung für ein Projekt organisiert wird, desto mehr inhaltliche Gestaltungsmöglichkeiten sind noch vorhanden, die wiederum aber nur wenige interessieren. Eine frühe Aktivierung von Beteiligung ist schwierig. Je weiter vorangeschritten die Planung ist, desto mehr Festlegungen weist ein Projekt auf. Aber die Mobilisierung der Bevölkerung fällt in dieser Phase des Projekts – nicht selten dann auch in der Form des Protests – deutlich leichter (Sommer 2015, S. 66–68). Sinnvoll wäre es also, intensiv für die Mitwirkung an Planungsprozessen

zu einem Zeitpunkt zu werben, wenn noch kaum einer mitmachen will. Das erfordert eine Menge Frustrationstoleranz.

5. Unverzichtbar ist verbindliches Feedback zu den Vorschlägen inklusive einer Begründung zu Vorschlägen und Ideen, die nicht weiter verfolgt und umgesetzt werden. Auch auf die Gefahr einer gewissen Redundanz hin, sei hier noch einmal angemerkt. Auch hierfür bedarf es der Bereitschaft, die damit verbundenen Mühen nicht zu scheuen, in diesem Fall: sich mit Erklärungen zu den Aspekten und Vorschlägen zu befassen, die schon vom Tisch sind.
6. Und nicht zuletzt bedarf es eines professionell gestalteten Gesamtprozesses und einer professionellen Moderation der Workshops, Diskussionen und Entscheidungsfindungen. Die Einhaltung dieser Anforderung hängt maßgeblich von der Bereitschaft ab, für eine professionelle Begleitung dieser Art das entsprechende Budget zur Verfügung zu stellen, da die Planungsakteur:innen diese Aufgaben häufig und sinnvollerweise durch externe Dienstleister übernehmen lassen.

Bis hierhin sollte deutlich geworden sein, dass Verwaltungsinstitutionen und Planungsakteure mit erheblichen Herausforderungen konfrontiert sind, die nicht selten auch mit der Überwindung innerer Widerstände einhergehen, wenn sie sich die Organisation und Durchführung effektiver und zumindest stärker repräsentativer Beteiligungsprozesse über die formalen gesetzlichen Anforderungen hinaus zumuten wollen. Die Bereitschaft hierzu benötigt eine umso größere Überzeugung davon, dass Bürgerbeteiligung einen sinnvollen Beitrag zum Gemeinwohl leisten kann.

4. Einstellungen politischer Akteur:innen und die Vielfalt von Partizipationsverständnissen

Empirische Einblicke in die Einstellungs-Innenwelt von Akteur:innen der öffentlichen Verwaltung sind äußerst selten, so auch hinsichtlich möglicher Einstellungen gegenüber der Bürgerbeteiligung. Eine erste Annäherung kann – auch wenn es sich um eine andere Gruppe von Akteur:innen handelt – über die Rezeption von Befragungsergebnissen aus Studien mit Politiker:innen vorgenommen werden.

Unter befragten Kommunalpolitiker:innen in Deutschland gibt es sowohl eine positive Bewertung von Instrumenten der direkten Demokratie – 70 % der Befragten bewerteten Bürgerentscheide gut oder sehr gut – als auch der Mitwirkung an offenen, das heißt für alle zugänglichen, Bürgerforen (Bertelsmann-Stiftung 2014: S. 13). Beteiligungsmöglichkeiten werden in der deutschen Gesellschaft – wie oben gezeigt – also stärker eingefordert und in bestimmten Grenzen auch von denen, die sie gewähren müssen, zumindest rhetorisch für sinnvoll befunden.

Vetter stellt bezogen auf die politischen und administrativen Eliten die Frage nach den Entstehungsbedingungen der Einstellungen gegenüber Bürgerbeteiligung (2008: S. 18). Sie sieht in einer lokalen, positiv ausgeprägten Beteiligungskultur einen Faktor, der diese Einstellungen mitprägen kann. Die Hypothese zur Wirkung einer förderlichen Beteiligungskultur formuliert sie wie folgt: „Angenommen wird, dass eine lokale Beteiligungskultur – d.h. einem Klima der Selbstverständlichkeit von Bürgerbeteiligung, das auf einem umfassenden politischen und stadtgesellschaftlichen Konsens beruht [...] – die Nutzung entsprechender Dialogverfahren stärkt [...]" (Vetter 2017: S. 417). Allerdings, so ergänzt sie, sind solcherart Kontexteffekte bislang empirisch kaum untersucht.

Während es in dieser Perspektive um die prägenden Einflüsse einer lokalen Beteiligungskultur auf Einstellungen individueller Akteure geht, soll in den folgenden Ausführungen zunächst einmal auf ausgewählte Studien zu Einstellungen politischer Akteure gegenüber verschiedenen Formen von Bürgerbeteiligung verwiesen werden, denn diese können zu den Input-Variablen der Beteiligungskultur gerechnet werden.

In einer international vergleichenden Studie unter Gemeinderatsmitgliedern in 15 europäischen Ländern und Israel gelangten die Wissenschaftler:innen zu der Erkenntnis, dass unter den Befragten durchaus eine positive Einschätzung partizipativer Verfahren verbreitet ist, zumindest nicht schlechter ausgeprägt ist als deren Zustimmung zur repräsentativen Demokratie (Egner et al. 2013). Eine ähnlich ausgerichtete Studie in 28 Kommunen in Hessen kommt zu dem Ergebnis, dass viele der befragten Gemeinderatsmitglieder zur faktischen Durchführung vieler Beteiligungsformate in ihrer Gemeinde keine Auskunft erteilen können, weil sie hierzu nicht über Informationen verfügen und auch daher die Bedeutung der Ergebnisse nicht bewerten können (Vetter 2017: S. 420–422). Auch in dieser Studie dominiert trotzdem ein positives Bekenntnis zur Bürgerbeteiligung, allerdings konnten gleichzeitig auch viele Vorbehalte gegenüber partizipativen Verfahren erhoben werden. Die Studie kommt zu dem Ergebnis, dass sich die durchschnittlich höchste Zustimmung zu den eher auf reine Information ausgerichteten formalen Verfahren, wie Bürgerversammlungen, Bürgerfragestunden oder Bürgermeistersprechstunden finden lässt. Etwas schlechter schneiden durchschnittlich die Verfahren ab, die einen stärker deliberativen Anspruch haben wie Bürgergutachten und die in Deutschland praktizierte Variante der Bürgerhaushalte. Man könnte also zu dem Ergebnis kommen, dass die Gemeinderatsmitglieder vor allem dort besonders aufgeschlossen sind, wo sie das Gefühl haben, den Gesamtprozess trotz Beteiligungsverfahren stärker lenken zu können. Diese eher defensive Einstellungstendenz passt dann auch zu einer vornehmlich auf Information abzielenden Operationalisierung der Bürgerbeteiligung.

Doch welches Partizipationsverständnis geht mit diesen Einstellungen der politischen und administrativen Akteure einher? Es lassen sich verschiedene idealtypische Konzeptionen von Partizipation und der Frage ihres Zweckes beschreiben, die in der Formierung realer Einstellungen immer auch in vermischter Form relevant sind (Klöti/Drilling 2014: S. 20–45):

- Aus politikwissenschaftlicher Perspektive ist die Hauptfunktion von Partizipation das Herbeiführen von legitimen politischen Entscheidungen.
- Aus kunst- und kulturwissenschaftlicher Perspektive geht es um die Thematisierung von Bedürfnissen und Problemlagen in der Öffentlichkeit und um Aneignungsprozesse im öffentlichen Raum.
- Aus diskurstheoretischer Perspektive geht es um Austausch, gemeinsames Lernen und gemeinsames Gestalten sozialen Wandels.
- Aus rechtswissenschaftlicher Perspektive geht es um Gleichbehandlung und die Berücksichtigung der Interessen der Betroffenen.
- Aus der Perspektive der Sozialen Arbeit geht es darum, Menschen zur politischen Einflussnahme zu befähigen und für die eigenständige Verbesserung ihrer Lebensumstände zu aktivieren und zu mobilisieren.
- Aus der Perspektive der Planung geht es um die sinnvolle Einbeziehung verschiedener Interessen in den Planungsprozess, um das Planungsergebnis zu optimieren. Eine wichtige Aufgabe ist dann die Steuerung und Koordination im Planungsprozess.
- Aus der Perspektive der öffentlichen Verwaltung geht es um die Erhöhung von Zufriedenheit mit dem und Bürgernähe im Verwaltungshandeln und eine Verbesserung der Lebensqualität für alle Bewohner:innen. Auch hierbei ist eine wichtige Aufgabe die Gesamtsteuerung der Aktivitäten aller Beteiligten.

Während zu vermuten ist, dass bei den Akteur:innen in Politik und Verwaltung vor allem die Partizipationsverständnisse der Planung, der Verwaltung und des Rechts, bei höheren Verwaltungsbeamt:innen auch das der Politik besonders ausgeprägt sein dürften[2], begegnen diese Akteure in der beteiligten Zivilgesellschaft dann allen weiteren Partizipationsverständnissen.

2 Die Relevanz dieses Zuschnitts des möglicherweise vorherrschenden Beteiligungsverständnisses wird durch Ergebnisse eines explorativen studentischen Forschungsprojekts erhärtet (Al-Barazi et al. 2022, Bürger:innenbeteiligung in Köln, unveröffentlichter Projektbericht eines studentischen Forschungsprojekts).

Zukünftige Forschung zur Ausprägung der verschiedenen Perspektiven bei den verschiedenen Stakeholdern könnte Hinweise auf eine erfolgsförderliche Prozessgestaltung gerade auch im Hinblick auf die Einstiegsphase von Beteiligungsverfahren geben, in der die Erarbeitung kongruenter Perspektiven und Ziele eine wichtige Grundlage für den weiteren Verlauf des Beteiligungsprozesses darstellt.

5. Fazit

Allerdings soll mit der Fokussierung des Aspekts einer positiven Beteiligungskultur nicht behauptet werden, dass die Existenz derselben eine hinreichende Grundlage für gelingende Bürgerbeteiligung darstellt. Zum Beispiel lassen sich einerseits zahlreiche Beispiele dafür finden, dass bei grundsätzlichem Interessenantagonismus der Stakeholder auch bei starker Beteiligungsorientierung kooperative Lösungen eher selten sind, wie sich das für viele Projekte der Stadterneuerung im sog. Stadtumbau Ost in Deutschland beschreiben lässt. Einen Rückbau des Wohnungsbestands in den während der 90er Jahre stark schrumpfenden Städten Ostdeutschlands zu konsentieren, ist auch deswegen teilweise nicht gut gelungen, weil unvereinbare Interessengegensätze und eine Vielzahl eingebundener Akteure zusammenkamen (Bernt/Fritsche 2008).

Andererseits können große Infrastrukturprojekte akzeptanzförderlich durchgeführt werden, wenn die zivilgesellschaftlichen Interessen ebenfalls organisiert sind und nicht grundsätzlich gegen ein Projekt ausgerichtet sind, wenn Möglichkeiten der informellen Einflussnahme bestehen, wenn die repräsentativen Organe der kleinsten politischen Einheit offen sind für Anregungen aus der Zivilgesellschaft. Dafür steht z.B. der Neubau des Wiener Hauptbahnhofs, bei dem Verfahren der Bürgerbeteiligung berücksichtigt wurden und obwohl diese Beteiligungsformen durch Vertreter der Zivilgesellschaft in ihrer Ausrichtung eher als Informationsveranstaltungen mit wenig Einflussmöglichkeit auf die Projektplanung bezeichnet wurden (Kahle 2014).

Es ist also von einem Bündel von prozeduralen und strukturellen Einflussfaktoren auszugehen, wenn wir die Erfolgsbedingungen von Bürgerbeteiligung beschreiben wollen. Gleichwohl ist die durch das Partizipationsverständnis geprägte Partizipationskultur bzw. die Integration der Handlungslogiken verschiedener Akteur:innen (Werner 2012) einer davon, der maßgeblich darauf Einfluss nimmt, wie kooperativ und integrativ sich lokale Planungskulturen entwickeln (Sondermann 2017). Dieser Aspekt bedarf weiterer Erforschung und sollte auch als Kompetenzanforderung in die Curricula von Ausbildung und Personalentwicklung aufgenommen und bei der Besetzung von Positionen in planungsnahen Ämtern berücksichtigt werden.

Literaturverzeichnis

Al-Barazi, Nura/Bau, Michael/Grzesikiewicz, Katharina/Hagemeister, Franziska/ Kirst, Ronja/Konrath, Kirsten/Koppe, Gabriele/Kösem, Nural/Plaschik, Friederike/Santos Pinto, Eva (2022): Bürger:innenbeteiligung in Köln. Wie werden Möglichkeiten der Öffentlichkeitsbeteiligung durch die Stadtgesellschaft wahrgenommen und genutzt? Unveröffentlichter Projektbericht zu einem studentischen Forschungsprojekt an der Hochschule für Polizei und öffentliche Verwaltung Nordrhein-Westfalen (HSPV NRW), Abteilung Köln

Bernt, Matthias/Fritsche, Miriam (2008): Kooperation – mit wem? Bewohnerbeteiligung im „Stadtumbau Ost", in: Vetter, Angelika (Hrsg.): Erfolgsbedingungen lokaler Bürgerbeteiligung. Wiesbaden, S. 237–258

Bertelsmann-Stiftung (2014): Vielfältige Demokratie. Kernergebnisse der Studie „Partizipation im Wandel – Unsere Demokratie zwischen Wahlen, Mitmachen und Entscheiden". Gütersloh

Crouch, Colin (2008): Postdemokratie. Frankfurt/Main

Egner, Björn/Sweeting, David/Klok, Pieter-Jan (2013): Local Councillors in Comparative Perspective, in: dies. (Hrsg.): Local Councillors in Europe. Wiesbaden, S. 11–25

Holtkamp, Lars (2009): Verwaltung und Partizipation: Von der Hierarchie zur partizipativen Governance? In: Czerwick, Edwin/Lorig, Wolfgang H./Treutner, Erhard (Hrsg.): Die öffentliche Verwaltung in der Demokratie der Bunderepublik Deutschland. Wiesbaden, S. 65 86

Kahle, Astrid (2014): Akzeptanz durch Beteiligung? Eine Fallstudienanalyse des Gesamtprojekts Hauptbahnhof Wien, in: Verwaltung und Management, 20. Jg., Heft 2, S. 67–77

Kamlage, Jan-Hendrik/Nanz, Patrizia/Richter, Ina (2017): Ein Grenzgang – Informelle, dialogorientierte Bürgerbeteiligung im Netzausbau der Energiewende, in: Sommer, Jörg (Hrsg.): Kursbuch Bürgerbeteiligung 2. Norderstedt, S. 56–77

Klöti, Tanja/Drilling, Matthias (2014): Warum eigentlich Partizipation? Sozialwissenschaftliche Analyse aktueller Partizipationsverständnisse in der Planung, Gestaltung und Nutzung öffentlicher Räume. (DOI: https://dencityblog.files.wordpress.com/2018/06/2014_fhnw_warum-eigentlich-partizipation.pdf)

Kühl, Stefan (2020): Organisationen. Eine sehr kurze Einführung. 2., überarbeitete und erweiterte Auflage. Wiesbaden

Leggewie, Claus/Nanz, Patrizia (2015): Neue Formen der demokratischen Teilhabe am Beispiel der Zukunftsräte, in: Sommer, Jörg (Hrsg.): Kursbuch Bürgerbeteiligung 1. Norderstedt, S. 167–182

Schein, Edgar H. (2003): Organisationskultur. Bergisch Gladbach

Selle, Klaus (2013): Über Bürgerbeteiligung hinaus: Stadtentwicklung als Gemeinschaftsaufgabe? Analysen und Konzepte. Detmold

Simonson, Julia/Vogel, Claudia (2017): Politische Partizipation: Unterschriftenaktionen, Demonstrationen, Bürgerinitiativen und politische Ämter, in: Simonson, Julia et al. (Hrsg.): Freiwilliges Engagement in Deutschland. Empirische Studien zum bürgerschaftlichen Engagement. Wiesbaden, 199–216

Sommer, Jörg (2015): Bürgerbeteiligung – Wer beteiligt wen? In: Sommer, Jörg (Hrsg.): Kursbuch Bürgerbeteiligung 1. Norderstedt, S. 61–80

Sondermann, Martin (2017): Planungskultur als Sinnsystem. Eine Untersuchung am Beispiel kooperativer Stadtgrünentwicklung in Düsseldorf, in: Raumforschung und Raumordnung 75, 45–56 (2017). https://doi.org/10.1007/s13147-016-0460-1 (zuletzt 14.03.2021)

Vetter, Angelika (2017): Beteiligungskulturen und Bürgerbeteiligung, in: M. Tausendpfünd/A. Vetter (Hrsg.): Politische Einstellungen von Kommunalpolitikern im Vergleich. Wiesbaden, S. 415–455

Vetter, Angelika (2008): Lokale Bürgerbeteiligung: Ein wichtiges Thema mit offenen Fragen, in: dies. (Hrsg.): Erfolgsbedingungen lokaler Bürgerbeteiligung. Wiesbaden, S. 9–28

Vetter, Angelika/Eith, Ulrich (2015): Potenziale dialogischer und direktdemokratischer Bürgerbeteiligung, in: Sommer, Jörg (Hrsg.): Kursbuch Bürgerbeteiligung 1. Norderstedt, S. 48–60

Vogel, Claudia/Hagen, Christine/Simonson, Julia/Tesch-Römer, Clemens (2017): Freiwilliges Engagement und öffentliche gemeinschaftliche Aktivität, in: Simonson, Julia et al. (Hrsg.): Freiwilliges Engagement in Deutschland. Empirische Studien zum bürgerschaftlichen Engagement. Wiesbaden, 91–151

Warren, Mark E. (2002): What can democratic participation mean today? In: Political Theory, 30. Jg. 5/2002, S. 677–701

Werner, Stefan (2012): Steuerung von Kooperationen in der integrierten und sozialen Stadtentwicklung. Wiesbaden.

Irina Lobien Wuebold, Vanessa Agné

Nachhaltige kommunale Planung durch Partizipation – Eine praxisorientierte Bestandsaufnahme

1. Einleitung

Der ökologische Nachhaltigkeitsgedanke hat lange Zeit den Diskurs um die Nachhaltigkeit geprägt. Sicher ist es im Hinblick auf die menschlichen Lebensgrundlagen richtig, dass der Schutz der ökologischen Existenzgrundlagen des Menschen und insbesondere das Klima höchste Priorität auf der politischen Agenda haben. Der Klimaschutz beschreibt eine Grundvoraussetzung für das Leben und Zusammenleben auf unserem Planeten. Darüber hinaus gewinnen im Nachhaltigkeitsdiskurs zunehmend deren weitere Dimensionen, die wirtschaftliche und soziale an Gewicht. Die Agenda 2023 dekliniert die Anwendungsfelder der Nachhaltigkeit anschaulich durch und betont dabei das friedliche soziale Miteinander, welches zugleich eine Kernvoraussetzung für die bestmögliche Realisierung der Nachhaltigkeitsziele überhaupt sein dürfte. Um die Grundlage dafür zu schaffen, sind an den Bedürfnissen der örtlichen Gemeinschaft orientierte Angebote, die das Zusammenkommen von Menschen ermöglichen, erforderlich. Entsprechende Angebote zu schaffen ist eine Aufgabe von Städten und Gemeinden. Der soziokulturellen Nachhaltigkeit kommt aus dieser Perspektive herausragende Bedeutung zu – dies hat nicht zuletzt das Szenario der Pandemie nochmals verdeutlicht. Somit ist es essenziell, dass der gesamte Nachhaltigkeitsgedanke nicht nur global beachtet und geschätzt wird, sondern dass auch kleine und kleinere Kommunen ihren Teil zum Klimaschutz als auch zur soziokulturellen Nachhaltigkeit beitragen. Ausschlaggebend für eine nachhaltige Umsetzung dürften dabei ganz im Sinne der Agenda 2030 die Partizipationsmöglichkeiten für Bürger:innen sein. Es stellt sich daher die Frage, wie die Umsetzung der Nachhaltigkeitsziele und die Bürgerbeteiligung miteinander in der Praxis im alltäglichen Gemeindeleben verbunden werden und ob es hierbei zu beobachtende Gemeinsamkeiten und Unterschiede in verschiedenen Gemeinden abhängig von der räumlichen Lage, d.h. Stadt oder Land, gibt.

Zur Beantwortung dieser Fragen wurden von den Bearbeiterinnen dieser Arbeit Interviews mit zwei Bürgermeistern verschiedener Gemeinden geführt: der städtisch geprägten Gemeinde A sowie der ländlich geprägten Gemeinde B.

Es soll nun folgend zunächst die Bedeutung der Partizipation an sich erläutert und ihr Stellenwert für eine städtische Gemeinde A und eine ländliche Gemeinde B aus der Perspektive der Bürgermeister dargestellt werden. Anschließend wird genauer auf die Möglichkeiten zur Umsetzung von Nachhaltigkeitszielen mit und durch die Partizipation in den Gemeinden durch ihre Arbeitsweisen eingegangen. Hierzu werden als existenzielle Rahmenbedingungen der Klimaschutz auf Gemeindeebene, die Bedeutung des Artikel 28 II GG[1], das besondere Städtebaurecht und das Bundes-Klimaschutzgesetz sowie die respektiven Ansichten des Oberbürgermeisters der Gemeinde A und des Bürgermeisters der Gemeinde B erörtert werden.

Darüber hinaus werden unter der Annahme der soziokulturellen Relevanz aller Nachhaltigkeitsziele Ansätze zur Umsetzung ausgewählter Ziele durch die Tätigkeiten und Projekte der Gemeinden aufgezeigt und ihre Bedeutung für die Gemeinde untersucht.

Schlussendlich wird ein Vergleich zwischen Gemeinde A und Gemeinde B gezogen, der etwaige Gemeinsamkeiten und Unterschiede der Handhabung der angesprochenen Themen aufzeigt, bevor ein Gesamtfazit zu den Interviews gezogen wird.

2. Die Bedeutung der Partizipation

Die Demokratie, in der wir leben, zeichnet sich besonders dadurch aus, dass den Bürger:innen vielseitige Mitspracherechte eingeräumt werden. Die Partizipation bei Projekten der etwaigen Gemeinde ist ein wichtiger Teil hiervon, da sie eine Möglichkeit für Privatpersonen darstellt, einen Einfluss auf hoheitliche Entscheidungen zu nehmen.[2]

Die Partizipation hat hierbei verschiedene Aufgaben: Sie dient der Akzeptanz von Bürger:innen hinsichtlich von Projekten, da die Bürger:innen schon früh ein Mitspracherecht in der Entscheidungsfindung haben. In diesem Zusammenhang spielt auch die durch Partizipation erreichte Transparenz eine Rolle, welche auch durch ebenjenes Mitspracherecht zu einem frühen Zeitpunkt erreicht wird. Hierdurch kommt der Partizipation nicht nur eine Kontrollfunktion zu, auch eine effizientere Umsetzung von

1 Grundgesetz für die Bundesrepublik Deutschland in der im Bundesgesetzblatt Teil III, Gliederungsnummer 100-1, veröffentlichten bereinigten Fassung, das zuletzt durch Artikel 1 des Gesetzes vom 19. Dezember 2022 (BGBl. I S. 2478) geändert worden ist.

2 *Hartmann*, MMR 2017, 383, 383

Projekten wird gewährleistet. Nicht zuletzt spielt die Partizipation eine Rolle hinsichtlich der Rechtsschutzfragen, da es Bürger:innen schon bei der Entscheidungsfindung möglich ist, ihre subjektiven Rechte zu verteidigen.[3] Vom Standpunkt der Gemeinden aus gesehen, bietet die Partizipation eine große Chance für etwaige Vorhaben und Projekte jeglicher Art, da durch sie Gesichtspunkte aufgezeigt werden können, welche unter Umständen von der Verwaltung bzw. dem Vorhabenträger übersehen worden wären.[4] Auch bei dem Klimaschutz als Grundstein unseres Zusammenlebens spielt die Partizipation eine Rolle. So unterstreicht das Pariser Klimaabkommen die Bedeutsamkeit der Öffentlichkeitsbeteiligungen bei der Minderung von Emissionen, und auch die Ethikkommission bezeichnet die Energiewende als ein Gemeinschaftswerk.[5]

Fraglich ist nun, welchen Stellenwert die Partizipation bei den befragten Bürgermeistern hat und wie die Partizipation in den Gemeinden gelebt wird.

2.1. Der Stellenwert der Partizipation in der Gemeinde A

Dazu soll zunächst der Stellenwert der Partizipation in der städtischen Gemeinde A aufgezeigt werden.

Besonders stolz ist der Oberbürgermeister der Gemeinde A hierbei nach eigener Aussage auf das Projekt „JumP-!O", welches eigens auf die Partizipation ausgelegt ist. Nach dem Verständnis der Stadt ist es wichtig, bereits die jüngsten Bürger:innen für demokratische Beteiligungen zu begeistern. Deswegen sollen gemeinsam mit Kindern und Jugendlichen Lösungen für in der Gemeinde auftretende und die Jugend betreffende Probleme gefunden werden, um sie zu animieren, selbst Projekte zu verwirklichen. Auch bei der Jugendarbeit des Stadtjugendamtes und in der Einrichtung des Jugendtreffs können sich Kinder und Jugendliche Gehör verschaffen und ihre Meinung zu Projekten kundtun. Das Projekt „JumP-!O" führt dies jedoch in einem noch größeren Umfang aus: Die jüngsten Bewohner der Gemeinde haben hierbei die Möglichkeit, Anliegen, Wünsche oder auch Kritikpunkte direkt bei dem Jugendhilfeausschuss vorzulegen und bei der Sitzung dieses Ausschusses ihre Meinungen mitzuteilen. Betreffen diese Anliegen einen bestimmten Stadtteil, ist es durch, JumP-„vor Ort!" auch möglich, Anregungen direkt an das zuständige Jugendzentrum zu richten. Eine transparente

3 *Hartmann*, MMR 2017, 383, 383

4 *Hartmann*, MMR 2017, 383, 384

5 *Rubik/Kress/Müller*, Mit Wettbewerb Bürgerinnen und Bürger zum Klimaschutz motivieren, S. 72

und detaillierte Rückmeldung an die Jugendlichen stellt hierbei einen genauso bedeutenden Pfeiler des Konzepts dar, wie auch der Versuch, die vorgebrachten Anregungen, sollten sie im Rahmen der Möglichkeiten der Stadt liegen, so schnell wie möglich umzusetzen.[6]

Generell wird die Partizipation sehr ernst genommen und als äußerst wichtig erachtet. Es wird ein anhaltender offener Dialog angestrebt, auch wenn die Ergebnisse und Beobachtungen des Dialogs auf den ersten Blick seltsam erscheinen können: So wurde beispielsweise bei einem die Stadt betreffenden Projekt festgestellt, dass ca. 60 % der an der Partizipation beteiligten Personen gar nicht in der Stadt lebten, sondern in der weiteren Umgebung ansässig waren. Dennoch ist nach der Meinung des Oberbürgermeisters jede Beteiligung bereichernd, und es sollte stetig versucht werden, so viele Menschen wie möglich mitzunehmen und von Vorhaben zu überzeugen. Die Verantwortlichen sollten sich hierbei nicht auf die eigene Parteipolitik konzentrieren, sondern die Bürger jeder Bevölkerungsgruppe ernst nehmen und schon gar nicht erst versuchen, das Ergebnis der Partizipation in eine bestimmte Richtung zu lenken.[7]

2.2. Der Stellenwert der Partizipation in der Gemeinde B

Im Nachfolgenden wird auch der Stellenwert der Partizipation in der ländlichen Gemeinde B anhand der Aussagen des Bürgermeisters dargelegt.

Für die Partizipation gibt es auch in der Gemeinde B mehrere Möglichkeiten. So ist es Bürger:innen möglich, Probleme oder Anregungen direkt bei den verschiedenen Ortsvorstehern anzumerken. Auch der Bürgermeister steht bei Bedenken oder Anliegen gerne zur Verfügung, genauso wie die Fachabteilungen der Gemeindeverwaltung. Über die sozialen Medien ist es ebenfalls möglich, seine Meinung kundzutun.

Der Bürgermeister bevorzugt nach eigener Aussage die private Kommunikation, da es aus seiner Erfahrung heraus sehr wahrscheinlich ist, dass man sich in der ländlich geprägten Region bereits persönlich kennt und somit ein Gespräch auf Augenhöhe führen kann. Grundsätzlich werden die Möglichkeiten zur Beteiligung nach Aussage des Bürgermeisters von allen Bevölkerungsschichten wahrgenommen. Selbst im Kindergarten gäben die Kinder schon ihre Meinungen zu bestimmten Themenbereichen ab. Auch wenn dem Bürgermeister der Gemeinde B viele Möglichkeiten der Partizipation bekannt sind, gab es in seiner Gemeinde gemäß seinen Beob-

6 *Herzig/Moser*, Konzeption zur Partizipation und Mitbestimmung von Kindern und Jugendlichen in Idar-Oberstein, 2016

7 *Frühauf*, Interview, 2021

achtungen noch nie den Fall, dass sich Bürgerinitiativen oder Ähnliches gebildet hätten. Bisher konnten bei Bürgerversammlungen immer Einigungen erreicht werden. Der Bürgermeister ist der Meinung, dass es immer sinnvoll ist, ein Projekt von vornherein sachlich und sinnvoll zu erläutern und Bürger:innen im Umkehrschluss auch sachlich und sinnvoll darauf reagieren. Eine besonders intensive Partizipation ist in der Gemeinde B dennoch nicht zu beobachten. Bei einem großen Projekt, dem Ausbau eines Radweges, gab es beispielsweise nur fünf Anfragen, und diese bezogen sich nur darauf, wie lange der Ausbau ungefähr dauern würde und wo genau Rastplätze geplant seien. Der Bürgermeister führt dies darauf zurück, dass die Bürger:innen durch beispielsweise die erfolgreiche Energiepolitik der Gemeinde B[8] ein großes Vertrauen in die Gemeinde haben und sich sicher sind, dass die Verantwortlichen „wissen was sie tun". Das Lenken eines Projekts in eine bestimmte Richtung wird kategorisch abgelehnt. Die Devise der Gemeinde ist es, von einem Projekt, welches man in Angriff nimmt, so überzeugt zu sein, dass man auch „mit Gegenwind klarkommt", d.h. Meinungen und Kritik akzeptiert und versucht, andere von der eigenen Idee durch gute Argumentationen zu überzeugen. Die Verwirklichung eines Vorhabens ohne Partizipation ist nicht vorstellbar, denn die Kommunikation zwischen Bürger:innen und der Gemeinde ist dem Bürgermeister auch persönlich ein sehr wichtiges Anliegen. Als Beispiel hierzu nennt er den Aufbau der Windkraftanlagen auf dem Gemeindegebiet. Von Anfang an wurden die Bewohner:innen informiert, zur Bürgerbeteiligung animiert und aufgeklärt, dies auch und vor allem hinsichtlich eines etwaigen sie betreffenden finanziellen Nutzens, was Anreize geschaffen hatte. Die Animation zur Bürgerbeteiligung an sich erfolgt über die sozialen Medien, über das Amtsblatt, aber auch über Auswurfeinsendungen mit Einladungen zu Informationsabenden. Eine korrekt ausgeführte Partizipation führt somit dazu, dass Konflikte vermieden werden und ein Verfahren sogar vereinfacht werden kann, wenn den Bürgern Ängste genommen und Zweifel beseitigt werden können.[9]

2.3. *Zwischenfazit*

Wie aufgezeigt, spielt die Partizipation in beiden Gemeinden eine wichtige Rolle. Dies wurde in den Gesprächen mehrmals hervorgehoben. Wie hilfreich eine gelungene Partizipation und das hierdurch aufgebaute Vertrauen in die Gemeinden bei der Erreichung der Nachhaltigkeitsziele sein kann, zeigt sich allein an dem Beispiel der Windkraftanlagen in der Gemeinde B.

---

8 Siehe auch Kapitel 3.3

9 *Scheer*, Interview, 2021

Obwohl ein Trend zu beobachten ist, welcher besagt, dass es immer weniger Neuplanungen für Onshore-Anlagen gibt, da vor allem die Bürger:innen sich gegen den Bau einer solchen Anlage in ihrer näheren Umgebung aussprechen,[10] war der Aufbau einer solchen in der Gemeinde B ohne Probleme möglich, was auf die Information der Bürger:innen und das u.a. durch Partizipation aufgebaute Vertrauen in die Gemeinde zurückzuführen ist.[11]

Die Partizipation bildet somit einen Schlüsselprozess in der Gestaltung von Städten und Kommunen, wobei zu beachten ist, dass eine gute Beteiligung nicht automatisch durch mehr Beteiligung generell erreicht werden kann.[12] Dies hat der Fall der Bürgerbeteiligung in der Gemeinde A gezeigt, in welcher viele der Beteiligten gar nicht in der betroffenen Region wohnten.[13]

Die Bürgermeister haben glaubhaft versichert, dass ein Vorhaben ohne Partizipation für sie undenkbar wäre und dass das Streben nach Bürgerbeteiligungen auch in Zukunft immer ein wichtiges Ziel sein wird.

Im Folgenden wird das Augenmerk darauf gelegt, wie das Zusammenspiel der Partizipation und des Klimaschutzes in der Theorie und in der Praxis der beiden Gemeinden funktioniert und umgesetzt werden kann.

3. Möglichkeiten der Umsetzung von Projekten hinsichtlich des Klimaschutzes mit und durch Partizipation

Der Klimaschutz ist ein ständig präsentes Thema unserer Gesellschaft. Das Klima bildet die Grundvoraussetzung, welches das Leben auf unserem Planeten und damit auch erst jede andere Form der Nachhaltigkeit und des Zusammenlebens möglich macht. Somit ist er auch für die einzelnen Gemeinden von großer Bedeutung. Fraglich ist, welche Projekte bzw. Herangehensweisen die Gemeinden, unter Berücksichtigung der für beide Bürgermeister so wichtigen Partizipation, jeweils entwickelt und auch umgesetzt haben. Zunächst ist es zum besseren Verständnis hilfreich, aufzuzeigen, welche Möglichkeiten Gemeinden generell hinsichtlich der Durchsetzung des Klimaschutzes haben, bevor die Vorgehensweisen der Gemeinde A und der Gemeinde B erläutert werden.

---

10 *Kruse/Legler*, ZUR 2012, 348, 348

11 Siehe auch Kapitel 2.2

12 *Brohmann/Burchert/Bunke/Fischer/Hesse/Schütte/Weber*, Öko-Institut Working Paper 1/2020, S. 24

13 Siehe auch Kapitel 2.1

3.1. Klimaschutz auf Gemeindeebene

Die wichtige Bedeutung des Klimaschutzes, u.a. durch Klimaabkommen, wurde schon des Öfteren von Gemeinden unterstrichen und eine Beachtung der Bedeutung von Gemeinden für den Klimaschutz gefordert. Bei internationalen Klimaverhandlungen wird diese Rolle ebenfalls immer wieder hervorgehoben.[14] Fraglich ist, welche rechtlichen Vorgaben es hinsichtlich der Entscheidungsfreiheit und der Ansätze von Gemeinden zum Klimaschutz gibt und wie die Meinungen und Vorgehensweisen der Gemeinden A und B hierzu sind.

a) Grundsätzliches zu Art. 28 II GG

Das Recht aus Art. 28 II GG auf kommunale Selbstverwaltung ist ein zentraler Pfeiler unseres Rechtsstaats. Somit sind sie auch bei dem Thema Nachhaltigkeit von zentraler Bedeutung. Wie wichtig die Nachhaltigkeit auch im Rahmen der Partizipation in Verbindung mit Art. 28 II GG für die einzelnen Kommunen ist, wurde den Verfassern durch die geführten Interviews vor Augen geführt und soll folgend kurz dargelegt werden. Als Frage stellte sich jedoch zunächst die rechtliche Konformität der kommunalen Selbstverwaltung in Bezug auf Nachhaltigkeitsaspekte.

„Der Gesetzesvorbehalt des Art. 28 Abs. 2 Satz 1 GG umfasst nicht nur die Art und Weise der Erledigung der Angelegenheiten der örtlichen Gemeinschaft, sondern ebenso die gemeindliche Zuständigkeit für diese Angelegenheiten."[15]

Diesen Leitsatz hatte das BVerfG in der sogenannten Rastede-Entscheidung gefasst. Dabei ist es fraglich, ob die Umsetzung der Nachhaltigkeitsziele nur eine Angelegenheit der örtlichen Gemeinschaft darstellt, oder ob nicht ein lokaler Bezug nötig ist.

Die herrschende Meinung vertritt bezogen auf den Klimaschutz die Ansicht, dass sehr wohl ein lokaler Bezug notwendig ist. Der lokale Bezug beschreibt eine lokale Nähe, z.B. eine messbare Luftverbesserung in der betreffenden Gemeinde, nicht aber eine bloße, höchstens global messbare Einsparung von Treibhausgasen.[16] Ist ein solcher örtlicher Bezug vorhanden und die Kommune greift nicht in Grundrechte ein, besteht die Möglichkeit,

---

14 *Donat*, Kommunaler Klimaschutz nach dem Pariser Klimagipfel, Klimaschutz kommunal umsetzen, S. 22

15 BVerfG, Beschluss vom 23.11.1988, Az.: 2 BvR 1619/83; 2 BvR 1628/83

16 *Raschke*, Rechtsfragen Kommunaler Klimaschutzmaßnahmen unter besonderer Berücksichtigung des Bau- und Planungsrechts, 2013, S. 40

ohne eine spezielle Ermächtigungsgrundlage den Klimaschutz und auch sonstige Nachhaltigkeitsziele in der Gemeinde durch Partizipation o.Ä. voranzutreiben und zu fördern. Allerdings gibt es auch ohne einen örtlichen Bezug Möglichkeiten hierzu, z.B. wenn Klimaschutzmaßnahmen mit weiteren Zielen wie der lokalen Energieunabhängigkeit untermauert werden.[17]

Sollte eine Ermächtigungsgrundlage vorhanden sein, steht es der Gemeinde offen, gegebenenfalls auch in Grundrechte der Bürger:innen einzugreifen, vorausgesetzt der z.B. Klimaschutz als solches ist als eines der Ziele in der Ermächtigungsgrundlage erkennbar und der Verhältnismäßigkeitsgrundsatz wurde angewandt.[18]

Diese Überlegungen zur Ortsbezogenheit könnten sich auf die Umsetzung der Nachhaltigkeitsziele überhaupt übertragen lassen; es dürften sich die meisten der von der Agenda 2030 in Bezug genommenen Bereiche auf ein örtliches Anwendungsfeld herunterbrechen lassen. Dies gilt auch und gerade für die soziokulturelle Perspektive.

b) Klimaschutz durch die Gemeinden im Städtebaurecht

Das Grundgesetz ist jedoch nicht das einzige Gesetz, welches den Gemeinden Möglichkeiten zum Klimaschutz einräumt. Der Vollständigkeit halber soll das Potenzial des Städtebaurechts hier kurz skizziert werden. Dies auch vor dem Hintergrund, dass nur informierte Bürger:innen vollumfänglich von Beteiligungsrechten Gebrauch machen können und städtebaulichen Entscheidungen in der Regel von Abwägungsprozessen begleitet werden, die die Bürger in formalisierten Verfahren einbinden.

Mit der Klimaschutz-Novelle aus dem Jahre 2011 wurde die „Klimaschutzklausel“ mit den bauleitplanerischen Zielen des § 1 V 2 in das BauGB[19] mit aufgenommen und damit eine Aufwertung des Klimaschutzes geschaffen. Bauleitpläne von Gemeinden sollten von nun an dazu dienen, Klimaanpassungen in der Städteentwicklung gezielt zu fördern, indem die Möglichkeit geschaffen wurde, eine klimaschutz- und anpassungsbezogene Bodennutzung zu betreiben.[20] Auch u.a. bezüglich städtebaulicher Verträge wurde im Rahmen der Novelle 2011 eine weitere Förderung des Klima-

---

17 *Raschke*, Rechtsfragen Kommunaler Klimaschutzmaßnahmen unter besonderer Berücksichtigung des Bau- und Planungsrechts, 2013, S. 42, 43

18 *Raschke*, Rechtsfragen Kommunaler Klimaschutzmaßnahmen unter besonderer Berücksichtigung des Bau- und Planungsrechts, 2013, S. 46

19 Baugesetzbuch in der Fassung der Bekanntmachung vom 3. November 2017 (BGBl. S. 3634), das zuletzt durch Artikel 2 des Gesetzes vom 4. Januar 2023 (BGBl. 2023 I Nr. 6) geändert worden ist

20 *Mitschang*, ZfBR 2020, 613, 613

schutzes festgelegt, da der § 11 I 2 Nr. 4 BauGB von nun an auch die Errichtung bzw. Nutzung von Anlagen, welche der Erzeugung, Nutzung, Speicherung oder Verteilung von Wärme oder Strom aus erneuerbaren Energien dienen, umfassen sollte. Zusätzlich wurde durch die Nr. 5 des gleichen Satzes festgelegt, dass auch die energetische Qualität von Gebäuden in städtebauliche Verträge mit einfließen kann.[21]

Sanierungsmaßnahmen von Gebäuden müssen sich nach dem Wohl der Allgemeinheit und auch dem Abwägungsgebot richten. Dennoch soll die bauliche Struktur bundesweit an den Klimaschutz angepasst werden. Die hierfür erforderlichen Sanierungsarbeiten sind hierbei eine Gesamtmaßnahme, bei welcher eine auf Nachhaltigkeit ausgelegte Ausstattung von Gebäuden mit erneuerbaren Energien eine große Bedeutung zukommt, was u.a. in § 136 IV BauGB zum Ausdruck kommt.[22]

Sanierungen und Sanierungsziele in diesem Zusammenhang können von den Gemeinden untersucht und u.a. in Masterplänen dargelegt werden.[23]

Durch verschiedene Gesetze werden den Gemeinden damit in der Theorie verschiedene Handlungsmöglichkeiten an die Hand gegeben. Fraglich ist jedoch, ob und wie diese in der Praxis unter Beteiligung der Bürger:innen umgesetzt werden. Hierzu werden folgend die Vorgehensweisen der Gemeinden A und B aufgezeigt.

3.2. Die Vorgehensweise der städtischen Gemeinde A

Die Gemeinde A verfügt über einen Masterplan. In diesem werden deutlich die Ziele der Gemeinde für die nächsten Jahre aufgeführt. Ziel ist hiernach eine nachhaltige, zukunftsfähige und gesamtheitliche Entwicklung der Stadt A, die langfristig zu einer Steigerung der Attraktivität des Standorts beiträgt.

Weiterhin wird beschrieben, wie wichtig die Partizipation der Bürger in Bezug auf Nachhaltigkeit und alle weiteren Entwicklungen ist. Herausforderungen von Gegenwart und Zukunft können nur gemeinsam von Bürgern, Unternehmen, Verwaltung und Selbstverwaltung gemeistert werden.[24]

Dieser Masterplan musste den Stadtrat passieren, und nach der Meinung des Oberbürgermeisters sollten generell alle Beschlüsse, die vom Stadtrat gefasst wurden, als Aufgabe der Selbstverwaltung von Gemeinden mit

---

21 *Mitschang*, ZfBR 2020, 613, 614
22 *Mitschang*, ZfBR 2020, 613, 616
23 *Mitschang*, ZfBR 2020, 613, 617
24 *Stadt Idar Oberstein*, 2016

bestem Wissen und Gewissen unter Einbeziehung der Bürger:innen durchgesetzt werden.[25]

3.3. Die Vorgehensweise der städtischen Gemeinde B

Die Gemeinde B verfügt wiederum über keinen Masterplan. Allerdings ist nach der Ansicht des Bürgermeisters die Nachhaltigkeit und auch der Klimaschutz zweifelsfrei eine Aufgabe der Kommune. Aufgrund dessen kommen nachhaltigen Projekten, wie beispielsweise das Aufbauen von Windkraftanlagen und Sanieren von Heizungen in kommunalen Gebäuden, in der Gemeinde eine besondere Bedeutung zu.

Dementsprechend ist es kaum verwunderlich und dennoch bemerkenswert, dass in der Gemeinde ca. sieben Mal so viel Strom durch erneuerbare Energien in das Stromnetz eingespeist wurde, als in der gesamten Gemeinde verbraucht wurde, was laut dem Bürgermeister auch eine Folge der erfolgreichen Partizipationsansätze der Gemeinde ist. Denn wie voran beschrieben, wurden die Bürger:innen ausführlich über das Projekt und etwaige Vorteile informiert und ihre Anliegen ernst genommen. Somit kam es, im Gegensatz zu vielen anderen Gemeinden, nicht zu Widerständen gegen die Windkraftanlagen. Alle diese Entscheidungen zum Ausbau mussten auch hier zudem dem Gemeinderat vorgelegt werden und unterstreichen die Nachhaltigkeit in der kommunalen Selbstverwaltung.[26]

3.4. Zwischenfazit

Die kommunale Klimaschutzpolitik im Zusammenspiel mit der Partizipation ist ein wichtiger Impulsgeber für den gesamten Klimaschutz, da sie einen wichtigen Beitrag zur Erreichung der Klimaziele spielen können, sei es durch Schaffung klimafreundlicher Alltagsroutinen oder durch die Unterstützung von Lebensstilen.[27] Wie wichtig z.B. der Art. 28 II GG auch in diesem Zusammenhang generell für die Gemeinden ist, wurde den Verfassern im Laufe der Interviews von den Bürgermeistern aufgezeigt. Auch wenn nicht per se der Art. 28 II GG oder auch die anderen Vorgaben genannt wurden, wurde doch mehrfach durch Kommentare der Bürgermeister sowie durch die Dokumente, welche den Autoren zur Verfügung gestellt wurden, aufgezeigt, welch hohen Stellenwert die Selbstverwaltung der Ge-

---

25 *Frühauf*, Interview, 2021

26 *Scheer*, Interview, 2021

27 *Stieß*, Klimafreundliche Alltagspraktiken unterstützen, Klimaschutz kommunal umsetzen, S. 196

meinden hinsichtlich des Klimaschutzes und auch der Gestaltungsmöglichkeiten der Gemeinden für beide Bürgermeister hat.

Auf Nachfrage bezüglich der Bedeutsamkeit des Art. 28 II GG für die Nachhaltigkeitsentscheidungen der Gemeinden wurde bestätigt, dass jegliche Form der Nachhaltigkeit und des Klimaschutzes eindeutig und zweifelsfrei als Aufgabe der Kommune angesehen werden und durch eine wünschenswert hohe Partizipation der Bürger:innen unterstützt werden sollte.

Gemeinsamkeiten und Unterschiede der Vorgehensweisen der Gemeinden werden später in dieser Ausarbeitung genauer betrachtet. Da die Nachhaltigkeit jedoch nicht nur den Klimaschutz, sondern auch ökologische und vor allem soziale Aspekte umfasst, werden im Folgenden unter Auswertung der Interviews die Ansätze zur Umsetzung weiterer SDGs der Agenda 2030 genauer betrachtet.

4. Bedeutung und Umsetzung der SDGs der Agenda 2030 in den Gemeinden

Bei den Interviews wurden über den Klimaschutz hinaus die gesamten SDGs, die Sustainable Development Goals, in den Fokus genommen.

Fraglich ist, ob deren Umsetzung auch in den Gemeinden eine besondere Priorität hat und wie genau die Verantwortlichen der Gemeinden zu diesen Zielen stehen.

4.1. Die Verfolgung der Ziele in den Gemeinden

Ziel eins: *Keine Armut*

Armut gibt es in den verschiedensten Ausführungen, sei es eine existenzbedrohende Armut in Drittländern oder eine Armut, welche sich bei Geringverdienern in Deutschland zeigt. Das erste Ziel der SDGs hat es sich zur Aufgabe gemacht, allen Formen von Armut entgegenzuwirken.[28]

Laut Aussage des Oberbürgermeisters der **städtischen Gemeinde A** ist dies eines der wichtigsten Ziele, welche die Stadt verfolgt. Vor allem im Bereich der Jugendarbeitslosigkeit solle angesetzt werden. Hierzu erstellt die Stadt, zusammen mit dem Kreis, im jährlichen Turnus eine gebundene Informations-Ausgabe[29], die alle Ausbildungs- sowie Studienmöglichkeiten

28 *Die Bundesregierung*, Ziele für nachhaltige Entwicklung, Armut in jeder Form und überall beenden

29 *WFG BIR mbH/Wirtschaftsförderung Stadt Idar Oberstein*, 2022

im Landkreis enthält. Weiterhin werden die potenziellen Bewerber:innen mit Bewerbungstipps und Informationen versorgt.

Die **ländliche Gemeinde B** nahm ihrerseits an der Hilfsaktion „Brillen ohne Grenzen“ teil. Diese wurde vom Ministerium für Umwelt- und Verbraucherschutz initiiert. Vorher schon hatte die Gemeinde B die sogenannte „Gudd-Zweck-Brillenverwertungsstelle [...]“ gestartet, um Menschen mit geringen Finanzmitteln eine qualitativ hochwertige Sehhilfe zu ermöglichen.[30]

Ziel zwei: *Kein Hunger*

Nach deutschem Verständnis verstößt Hunger gegen die Menschenrechte. Dennoch kann sich einer von drei Menschen weltweit nicht richtig ernähren. Das zweite Ziel dient der Bekämpfung dieses Problems.[31]

Es gibt in der **städtischen Gemeinde** eine „Tafel“ für bedürftige Menschen.[32]

Die **ländliche Gemeinde** hat durch ihre Lage bedingt keine Tafel, allerdings gibt es im Umkreis einige Möglichkeiten für Bedürftige, sich mit Essen zu versorgen.

Ziel drei: *Gesundheit und Wohlergehen*

Für viele ist eine Gesundheitsversorgung noch nicht selbstverständlich. Deswegen hatte sich die Staatengemeinschaft in diesem Ziel dazu verpflichtet, Gesundheit und Wohlergehen der Menschen zur Aufgabe der Politik zu machen und somit auszubauen.[33]

Etwas, auf das die **städtische Gemeinde**, nach Bekunden des Oberbürgermeisters, besonders stolz ist, ist das ansässige Klinikum, welches ein akademisches Lehrkrankenhaus der Johannes-Gutenberg-Universität ist. Mit seinen 17 Fachabteilungen und zwei Institutionen ist das Klinikum der größte Gesundheitsdienstleister in der Region. Als Lehrkrankenhaus ist das Klinikum jährlich für den letzten praktischen Teil der Ausbildung von 27 Medizinstudent:innen zuständig.[34]

In der **Gemeinde B** erweist sich die ländlichere Lage der Gemeinde bei der Erreichung dieses Ziels als problematisch. Dennoch ist die Gemeinde

---

30 *Freisener Nachrichten*, Amtliches Bekanntmachungsblatt, S. 11, 12

31 *Die Bundesregierung*, Ziele nachhaltiger Entwicklung, Ernährung weltweit sichern

32 *Göbel/Heinrich/Lange/Richter*, Tafel Idar-Oberstein, Stiftung Kreuznacher Diakonie, Wohnungslosenhilfe

33 *Die Bundesregierung*, Ziele nachhaltiger Entwicklung, Gesundheit und Wohlergehen

34 Nationalpark, Bürgerinformationsbroschüre, 2019, S. 40

nicht nur auf die Kliniken im Umkreis angewiesen: Mehrere Ärzte verschiedener Fachbereiche sind hier ansässig und versorgen die Bürger:innen im Rahmen der vor Ort gegebenen Möglichkeiten.[35]

Ziel vier: *Hochwertige Bildung*

Jedem Menschen soll es möglich sein, eine gute und chancengerechte Bildung zu erhalten. Auch die Bildung ist nach deutschem Verständnis ein Menschenrecht, und der Zugang zur Bildung soll daher ständig ausgebaut und angepasst werden.[36]

Die Corona-Pandemie war ein großer Treiber für die **städtische Gemeinde A**. Laut Aussage des Oberbürgermeisters wurden während der Pandemie alle Schulkinder der Grundschulen mit IPad's ausgestattet. Dies diente nicht nur der Digitalisierung, sondern vereinfacht auch das Lernen mit digitalen Medien für junge Menschen. Zusätzlich wurden alle Klassenzimmer aller Schulen in der Gemeinde mit digitalen Whiteboards inklusive passender Software ausgestattet, um die Lernerfolge der Schüler zu steigern. Für ein besonderes Lernerlebnis sorgt auch das vom Oberbürgermeister hochgelobte Projekt der zweisprachigen Grundschulen, in welchen alle Unterrichtsfächer sowohl in Deutsch als auch in Englisch gelehrt werden.[37]

In der **Gemeinde B** sind sowohl eine Grundschule als auch eine Gemeinschaftsschule ansässig, welche nicht nur lokale Kinder aufnehmen, sondern auch Kinder aus dem direkten Umkreis der Gemeinde.[38]

Die Ziele fünf und sechs ergaben sich nicht aus dem Gesprächsfluss.

Ziel sieben: *Bezahlbare und Saubere Energie*

Bezahlbare Energiequellen aus erneuerbaren Energien sind nicht nur ein wesentlicher Faktor beim Klimaschutz, sondern bilden auch das Fundament für nachhaltige Wirtschaftssysteme. Da der Energiebedarf weltweit immer weiter steigt, ist ein Ausbau von bezahlbarer sauberer Energie von Nöten.[39]

Durch die Energiesanierung von Gebäuden und das Anbringen von Solaranlagen auf allen Schuldächern und Verwaltungsgebäuden in der Stadt sind erste Schritte für eine autarke Energieversorgung der kompletten **Ge-**

35 *Scheer*, Gemeinde-Infos, Ärzteverzeichnis

36 *Die Bundesregierung*, Ziele nachhaltiger Entwicklung, Hochwertige Bildung weltweit

37 *Frühauf*, Interview, 2021

38 *Freisener Nachrichten*, Amtliches Bekanntmachungsblatt, S. 2

39 *Die Bundesregierung*, Ziele nachhaltiger Entwicklung, Bezahlbare und saubere Energie

meinde A getan. Dies soll in naher Zukunft durch ein Solarenergiefeld und ein Biomassekraftwerk ausgebaut werden.[40]

Die **Gemeinde B** ist hier schon mehrere Schritte weiter. Durch Solar- und Windkraftanlagen speist die Gemeinde circa sieben Mal so viel Strom in das Netz ein, als auf dem gesamten Gemeindegebiet verbraucht wird.[41]

Ziel acht: *Menschenwürdige Arbeit und Wirtschaftswachstum*

Ziel neun: *Industrie, Innovation und Infrastruktur*

Ziel acht und neun wurden aus Gründen der Vereinfachung zusammengefasst.

Der Ausbau von nachhaltiger Industrie soll weiter vorangetrieben werden,[42] ohne auf ein menschenwürdiges Arbeiten zu fairen Löhnen zu verzichten.[43] Dies wurde in den Zielen acht und neun festgehalten.

Durch den Handel und Abbau edler Materialien wurde und ist **Stadt A** weltweit bekannt und geschätzt. Noch heute bestimmt diese Branche den Großteil der Industrie und des Ansehens der Region.[44] Durch sie werden bis heute die meisten Arbeitsplätze in der Stadt geschaffen, wobei die bisher schlechtere Vergütungslage stetig verbessert wird. Dadurch wird ein immer steigender Anreiz für potenzielle neue Arbeitnehmer geschaffen, womit die Industrie und die Wirtschaft der Stadt gefördert werden.[45]

In der ländlichen **Gemeinde B** sind neben mehreren mittelständigen Unternehmen auch eine große, global agierende Firma ansässig und dies schon seit 1962. Hierdurch werden auch in B durch den Ausbau dieses Unternehmens immer neue Arbeitsplätze generiert.[46]

---

40 *Frühauf*, Interview, 2021

41 *Scheer*, Interview, 2021

42 *Die Bundesregierung*, Ziele nachhaltiger Entwicklung, Industrie, Innovation und Infrastruktur

43 *Die Bundesregierung*, Ziele nachhaltiger Entwicklung, Nachhaltig wirtschaften als Chance für alle

44 *Echtedel*, 2018.

45 *Frühauf*, Interview, 2021

46 *Scheer*, Gemeinde-Infos, Wirtschaft und Gewerbe

Ziel zehn: *Weniger Ungleichheiten*

Die soziale und wirtschaftliche Teilhabe und somit eine Selbstbestimmung des eigenen Lebens sollen in der Festlegung dieses Ziels durch das Bekämpfen von u.a. finanziellen Ungleichheiten erreicht werden.[47]

Der Oberbürgermeister der **Gemeinde A** setzt sich sehr für den Ausgleich von Ungleichheiten, vor allem zwischen Kindern, ein. Dies zeigt sich insbesondere in der Handhabung der zurzeit der Durchführung der Interviews herrschenden Corona-Pandemie. Hier wurde allen Kindern Tablets ermöglicht, somit auch Kindern, deren Eltern dies aus finanziellen Gründen sonst nicht hätten stemmen können. Auch können finanziell schlechter gestellte Familien ihren Kindern eine Woche im Urlaubscamp der Stadt ermöglichen. Dies ist ein unbürokratischer Prozess, der allen Kindern ein Ferienerlebnis ermöglicht.[48]

Ziel elf: *Nachhaltige Städte und Gemeinden*

Ziel zwölf: *Nachhaltige/r Konsum und Produktion*

Ziel dreizehn: *Maßnahmen zum Klimaschutz*

Die Ziele 11, 12 und 13 wurden aus Gründen der Vereinfachung zusammengefasst.

Eine nachhaltige Infrastruktur und Mobilität sind Teil einer lebenswerten Stadt.[49] Dennoch hat unser Planet nur eine begrenzte Belastbarkeit, und somit sollte schonend mit Ressourcen umgegangen werden.[50] In dem Pariser Klimaabkommen und in Ziel dreizehn haben sich die Staaten deswegen zum Schutz der Umwelt und des Klimas verpflichtet.[51]

Um die Nachhaltigkeit und den Klimaschutz zu gewährleisten und voranzutreiben, ist es Ziel der **Gemeinde A**, alle Busse im Stadtgebiet auf Elektromobilität umzustellen. Zurzeit beinhaltet der Fuhrpark der Verwaltung bereits zehn Elektrofahrzeuge, die mit dem selbst erzeugten Strom aufgeladen werden. Zusätzlich versorgt das Heizkraftwerk im alten Freibad der Stadt viele Bürger:innen mit Strom, der sonst aus anderen Quellen bezogen werden müsste. Generell sieht der Oberbürgermeister Nachhaltigkeit als

47 *Die Bundesregierung*, Ziele nachhaltiger Entwicklung, Weniger Ungleichheiten

48 *Frühauf*, Interview Transkription, 2021

49 *Die Bundesregierung*, Ziele nachhaltiger Entwicklung, Nachhaltige Städte und Gemeinden

50 *Die Bundesregierung*, Ziele nachhaltiger Entwicklung, Nachhaltig Produzieren und Konsumieren

51 *Die Bundesregierung*, Ziele nachhaltiger Entwicklung, Weltweit Klimaschutz umsetzen

ein wichtiges Thema an, welches auch oft und öffentlich diskutiert werden sollte, um die nachhaltige Entwicklung voranzutreiben.[52]

Wie bereits aufgezeigt, deckt der selbst erzeugte Strom der **Gemeinde B** den Verbrauch der Bürger:innen sowie der Verwaltung der Gemeinde. Zusätzlich wurden in allen Schulen, Kindergärten und kommunalen Gebäuden die Heizungen saniert, um nachhaltiges Heizen voranzutreiben. Auch hier wurde der Bürgermeister mehr als deutlich, wie wichtig Nachhaltigkeit in diesem Zusammenhang für ihn ist.[53]

Ziel vierzehn: *Leben unter Wasser*

Ziel fünfzehn: *Leben an Land*

Ziel sechzehn: *Frieden, Gerechtigkeit und starke Institutionen*

Ziel siebzehn: *Partnerschaften zur Erreichung der Ziele*

Die Ziele vierzehn, fünfzehn, sechzehn und siebzehn ergaben sich nicht aus dem Gesprächsfluss der Interviews.

4.2. Zwischenfazit

Der Bürgermeister der Gemeinde B kommunizierte, dass schon öfter Mitglieder von verschiedenen Hochschulen auf die Gemeinde zukamen, um diese zur Umsetzung der 17 Nachhaltigkeitsziele zu bewegen. Aufgrund von Zeit und Personalmangel ist dies, laut dem Bürgermeister, jedoch nicht immer direkt möglich oder auch schwierig umzusetzen. Allerdings ist das Thema Nachhaltigkeit an sich in der Gemeinde ein sehr Großes und wird versucht, auf allen Ebenen mit den gegebenen Mitteln voranzutreiben.[54] Dennoch zeigt sich, dass in der ländlichen Gemeinde B die Nachhaltigkeitsziele durchaus eine Rolle spielen, wenn diese auch nicht explizit als die SDGs betreffend beziffert sind.

Die städtische Gemeinde A hat untermauert, wie wichtig die 17 Nachhaltigkeitsziele in der Gemeindearbeit sind, auch wenn am meisten auf nachhaltige Energiegewinnung und hochwertige Bildung gesetzt wird.

Zusammenfassend ist festzuhalten, dass die SGDs und die Erreichung der Ziele wichtige Pfeiler für ein friedliches und gleichberechtigtes Zusam-

---

52 *Frühauf*, Interview, 2021

53 *Scheer*, Interview, 2021

54 *Scheer*, Interview, 2021

menleben in den Gemeinden sind. Durch sie werden vor allem auch soziokulturelle Angebote, d.h. soziale Einrichtungen wie Tafeln oder Brillenverwertungsstätten, aber auch Freizeitmöglichkeiten und Erholungsstätten wie Urlaubscamps für Kinder und vieles mehr gefördert und ausgebaut. Die Umsetzung der 17 Nachhaltigkeitsziele ist damit maßgeblich für das Miteinander der Bürger:innen und die Wahrnehmung soziokultureller Angebote und Möglichkeiten.

5. Unterschiede und Gemeinsamkeiten der Gemeinden

Um ein differenzierteres Bild zwischen der ländlichen und der städtischen Gemeinde in Bezug auf ihre Arbeit und Herangehensweisen an verschiedene Nachhaltigkeitsprojekten durch und mit der Partizipation zu erhalten, ist es förderlich, Unterschiede und Gemeinsamkeiten genauer zu betrachten.

5.1. Unterschiede

Zunächst werden nachfolgend die Unterschiede zwischen den Gemeinden herausgearbeitet.

Da die Gemeinde A, im Gegensatz zur Gemeinde B, über einen Masterplan verfügt, der auch vom Stadtrat abgesegnet wurde, zeigt sich hier schon deutlich eine Differenz in der Handhabung und Arbeitsweise ebenjener Gemeinden. Dies könnte dem Umstand geschuldet sein, dass eine größere Gemeinde über größere Ressourcen und ein höheres Budget verfügt. Im Masterplan ist eine Richtung, vor allem in Bezug auf die Nachhaltigkeit, für die nächsten Jahre vorgegeben. Der ländlichen Gemeinde hingegen fehlen schlichtweg die finanziellen und personellen Möglichkeiten für ein solches Unterfangen.[55]

Ein ähnliches Bild ergibt sich auch in Bezug auf die SDGs der Agenda 2030. Die städtische Gemeinde A verfügt über größere Finanzdepots. Demnach ist die Umsetzung der Ziele in der Gemeinde einfacher, wie das Beispiel der Anschaffung von Tablets für die Grundschulen aufgrund der Corona-Pandemie zeigt[56]. Während der Bürgermeister der Gemeinde B das Verfolgen der Ziele aufgrund fehlender Ressourcen als zweitrangig betrachtet, sieht der Oberbürgermeister der städtischen Gemeinde A das Verfolgen dieser Ziele, insbesondere in Bezug auf die Nachhaltigkeit, als

---

55 Siehe auch Kapitel 3.4.

56 Siehe auch Kapitel 4.1.

sehr wegweisend an.[57] Ein Vorteil für die Gemeinde B ergibt sich allerdings aus der ländlichen Lage dieser. Im Vergleich zur städtischen Gemeinde ist es B möglich, lagebedingt mehr Strom aus erneuerbaren Energien (Solarfelder und Windkraftanlagen) zu generieren und in die Netze einzuspeisen.[58] Der Gemeinde A ist dies nicht in diesem Umfang möglich.[59]

Unterschiede in der Partizipation ergeben sich vor allem im Miteinander zwischen Bürger:innen und Verwaltung. In der ländlichen Gemeinde ist durch die Größe ebenjener, sowie der persönlichen Bekanntschaft mit dem Bürgermeister, die Möglichkeit für Bürger:innen zum Meinungsaustausch jederzeit und unproblematisch gegeben. Durch diese private Kommunikation können die verschiedensten Meinungen und Anregungen bestmöglich berücksichtigt werden.[60] Durch die hohe Anzahl an Einwohnern in der städtischen Gemeinde A ist ein persönliches Gespräch mit dem Oberbürgermeister nicht immer direkt möglich, sondern muss auf Termin erfolgen. Allerdings ist es der städtischen Gemeinde durch die größere Einwohnerzahl möglich, Projekte wie „JumP-!O“ ins Leben zu rufen um Jugendlichen eine größere Plattform und dadurch mehr Partizipationsmöglichkeiten zu bieten.[61]

5.2. Gemeinsamkeiten

Neben diesen Unterschieden gibt es aber auch einige Gemeinsamkeiten zu beobachten.

Beide Gemeinden sehen Nachhaltigkeit als Thema der kommunalen Selbstverwaltung an und möchten diese vorantreiben. Dies geschieht immer in Absprache und durch Partizipation mit den Bürger:innen und dem Stadt- bzw. Gemeinderat der jeweiligen Kommune.[62]

Die Stadt A verfügt über größere Finanzmittel, demnach sind die Projekte zwar größer, allerdings werden auch in der ländlichen Gemeinde B viele Projekte verwirklicht, die denen der Gemeinde A in ihrem Grundsatz in nichts nachstehen. Die Ziele der SDGs werden von beiden berücksichtigt, wenn auch der Umfang ein anderer ist.[63]

---

57 Siehe auch Kapitel 4.
58 Siehe auch Kapitel 4.1.
59 *Frühauf*, Interview, 2021
60 Siehe auch Kapitel 2.2.
61 Siehe auch Kapitel 2.1.
62 Siehe auch Kapitel 3.2., 3.3.
63 Siehe auch Kapitel 4.

Beide Gemeinden versuchen mit den ihr zur Verfügung stehenden Möglichkeiten und Finanzmitteln die Bürger:innen zu unterstützen, sei es mit dem oben erwähnten Brillenprojekt der Gemeinde B oder durch das große Angebot im Klinikum der Gemeinde A.[64]

Für beide Bürgermeister ist die Partizipation der Bürger:innen ein sehr bedeutsames Thema, welches nicht nur als sinnvoll, sondern in der Umsetzung von Projekten auch als hilfreich angesehen wird. Es wird versucht, die Partizipation zu fördern und zu forcieren. Dies geschieht insbesondere durch Projekte wie „JumP-!O" in der Gemeinde A und Bürgerabende und Versammlungen in der Gemeinde B. Die offene Kommunikation mit den Bürger:innen ist dabei essenziell, weswegen diese aktiv gefördert wird. Zusätzlich erwähnten beide Bürgermeister, dass ein Projekt, wie sehr es ihnen persönlich auch wichtig sein mag, nicht durchgeführt wird, wenn die Beteiligung der Bürger:innen nicht in einem gewünschten Ausmaß vorhanden ist, oder wenn diese sich gegen das Vorhaben aussprechen. Politische Gedanken sollten hierbei immer hintenanstehen, es solle einzig um das Wohl der Bürger:innen und der Region gehen.[65]

6. Gesamtergebnis der Interviews

Die Nachhaltigkeit, sowohl bezogen auf den Klimaschutz als Grundstein allen Lebens, als auch bezogen auf das soziale Miteinander, hat einen hohen Stellenwert in den Gemeinden A und B, ob nun durch einen Masterplan verfolgt und für alle einsehbar oder nur durch das Bestreben der Bürgermeister und des Gemeinderates. Sie wird eindeutig als Aufgabe der Kommune und somit als Ausläufer der kommunalen Selbstverwaltung des Art 28 II GG gesehen. Die Partizipation stellt in der Praxis einen der wichtigsten Pfeiler hierzu da und war nicht nur ein Kernthema der Interviews, sondern ist auch ein zentrales Element eines jeden Projekts der Gemeinde.

Interessant zu sehen ist die Herangehensweise an verschiedene Projekte und die Hindernisse, welche sich in der Ausführung oder der Planung durch beispielsweise finanzielle Ressourcenknappheit ergeben. Nicht alle Bürger:innen mögen mit einer Entscheidung der Entscheidungsträger einverstanden sein, dennoch wird von den Verantwortlichen immer ein offener Dialog gesucht, um Probleme zu erkennen und zu beheben.

Gerade bei der Bedeutsamkeit jeglicher Nachhaltigkeitsformen im alltäglichen Leben sehen die Gemeinden einen ansteigenden Trend, vor allem

64 Siehe auch Kapitel 4.
65 Siehe auch Kapitel 2.1, 2.2.

bei der jüngeren Bevölkerung. Wie erläutert, werden von der Gemeinde B prinzipiell die 17 Nachhaltigkeitsziele, vor allem Ziel sieben (bezahlbare und saubere Energie) stark gefördert, auch wenn dies nicht unter dem Deckmantel der SDGs, sondern aus der gelebten Wichtigkeit von sozialer und klimaschutztechnischer Nachhaltigkeit heraus geschieht. Die könnte daran liegen, dass dem Bürgermeister nicht bewusst ist, wie viele der Ziele die Gemeinde schon erfolgreich thematisiert und umsetzt. Der Masterplan der städtischen Gemeinde A ist hingegen sehr ausführlich und behandelt dementsprechend sowohl den Klimaschutz als auch soziokulturelle Aspekte gleichermaßen.

Alles in allem sind mehr Gemeinsamkeiten als Unterschiede in der Handhabung der Nachhaltigkeitsziele in den Gemeinden zu beobachten. Die vorhandenen Unterschiede sind dabei oftmals auf die unterschiedlichen Lagen in der Stadt und auf dem Land zurückzuführen. Grundsätzlich aber versuchen sowohl die städtische als auch die ländliche Gemeinde den gesetzlichen Rahmen zur Umsetzung der Nachhaltigkeit durch die Partizipation mit den jeweiligen Gegebenheiten vor Ort nach bestem Wissen und Gewissen auszufüllen und voranzutreiben.

Literaturverzeichnis

Brohmann, Bettina/Burchert Matthias/Bunke, Dirk/Fischer, Corinna/Hesse, Tillmann/Schütte, Silvia/Weber, Manuela (2020): Handlungsempfehlungen für eine nachhaltige und integrierte Quartiersentwicklung – Erkenntnisse aus dem Forschungsprojekt TRASIQ, Öko-Institut Working Paper 1/2020

Deutschbein, Olaf (2021a): Deutschbein, Olaf, Bundesministerium für wirtschaftliche Zusammenarbeit und Entwicklung (BMZ), Weltklimakonferenz in Glasgow, unter: https://www.bmz.de/de/entwicklungspolitik/klimawandel-und-entwicklung/cop26 (Zugriff: 09.12.21)

Deutschbein, Olaf (2021b): Bundesministerium für wirtschaftliche Zusammenarbeit und Entwicklung (BMZ), Die globalen Ziele für nachhaltige Entwicklung, unter: https://www.bmz.de/de/agenda-2030 (Zugriff: 09.12.21)

Die Bundesregierung (2020a): Ziele nachhaltiger Entwicklung, Weltweit Klimaschutz umsetzen, unter: https://www.bundesregierung.de/breg-de/themen/nachhaltigkeitspolitik/weltweit-klimaschutz-umsetzen-181812 (Zugriff: 26.05.22)

Die Bundesregierung (2020a): Ziele nachhaltiger Entwicklung, Ernährung weltweit sichern, unter: https://www.bundesregierung.de/breg-de/themen/nachhaltigkeitspolitik/ernaehrung-weltweit-sichern-319080 (Zugriff: 26.05.22)

Die Bundesregierung (2020b): Ziele nachhaltiger Entwicklung, Gesundheit und Wohlergehen, unter: https://www.bundesregierung.de/breg-de/themen/nachhaltigkeitspolitik/gesundheit-und-wohlergehen-1509824 (Zugriff: 26.05.22)

Die Bundesregierung (2020c): Ziele nachhaltiger Entwicklung, Hochwertige Bildung weltweit, unter: https://www.bundesregierung.de/breg-de/themen/nachhaltigkeitspolitik/hochwertige-bildung-weltweit-1004538 (Zugriff: 26.05.22)

Die Bundesregierung (2020d): Ziele nachhaltiger Entwicklung, Bezahlbare und saubere Energie, unter: https://www.bundesregierung.de/breg-de/themen/nachhaltigkeitspolitik/bezahlbare-und-saubere-energie-1581908 (Zugriff: 26.05.22)

Die Bundesregierung (2019a): Ziele nachhaltiger Entwicklung, Nachhaltig wirtschaften als Chance für alle, unter: https://www.bundesregierung.de/breg-de/themen/nachhaltigkeitspolitik/nachhaltig-wirtschaften-als-chance-fuer-alle-276606 (Zugriff: 26.05.22)

Die Bundesregierung (2019b): Ziele nachhaltiger Entwicklung, Weniger Ungleichheiten, unter: https://www.bundesregierung.de/breg-de/themen/nachhaltigkeitspolitik/weniger-ungleichheiten-1592836 (Zugriff: 26.05.22)

Die Bundesregierung (2019c): Ziele nachhaltiger Entwicklung, Nachhaltig Produzieren und Konsumieren, unter: https://www.bundesregierung.de/breg-de/themen/nachhaltigkeitspolitik/nachhaltig-produzieren-und-konsumieren-181666 (Zugriff: 26.05.22)

Die Bundesregierung (2018a): Ziele für nachhaltige Entwicklung, Armut in jeder Form und überall beenden, unter: https://www.bundesregierung.de/breg-de/themen/nachhaltigkeitspolitik/armut-in-jeder-form-und-ueberall-beenden-1537492 (Zugriff: 26.05.22)

Die Bundesregierung (2018b): Ziele nachhaltiger Entwicklung, Industrie, Innovation und Infrastruktur, unter: https://www.bundesregierung.de/breg-de/themen/nachhaltigkeitspolitik/industrie-innovation-und-infrastruktur-1552930 (Zugriff: 26.05.22)

Die Bundesregierung (2018c): Ziele nachhaltiger Entwicklung, Nachhaltige Städte und Gemeinden, unter: https://www.bundesregierung.de/breg-de/themen/nachhaltigkeitspolitik/nachhaltige-staedte-und-gemeinden-1006538 (Zugriff: 26.05.22)

Donat, Lena (2018): Kommunaler Klimaschutz nach dem Pariser Klimagipfel, in Klimaschutz kommunal umsetzen, Hrsg. Knobloch, Doris/Rupp, Johannes, oekom, München, S. 13–31

Echtedel (2018): „Echtedel: Das brillant mineralische EdelSteinLand-Magazin“, Prinz-Druck Print Media GmbH & Co KG

Freisener Nachrichten (2021): Amtliches Bekanntmachungsblatt Nr. 48/2021

Frühauf, Frank: Interview mit dem Oberbürgermeister der Stadt Idar-Oberstein, durchgeführt von Frau Agné und Frau Wuebold am 24.11.2021

Göbel, Dennis/Heinrich, Andreas/Lange, Sven/Richter, Sabine (o.J.): Tafel Idar-Oberstein, Stiftung kreuznacher diakonie, Wohnungslosenhilfe, unter: https://www.kreuznacherdiakonie.de/wohnungslosenhilfe/sofort-ambulante-hilfe/tafel-idar-oberstein/ (Zugriff: 09.12.21)

Hartmann, Bernd (2017): Digitale Partizipation, Chancen und Risiken elektronischer Bürgerbeteiligung in Verwaltungsverfahren, MMR, 383

Kruse, Henning/Legler, Dirk (2012): Windparks in kommunaler Regie: Ist das möglich?, ZUR, 348

Mitschang, Stephan (2020): Klimaschutz und Anpassung im besonderen Städtebaurecht, ZfBR, 613

Nahe-Zeitung (2016): „Jump-!O“ startet: Junge Bürger sollen sich einbringen können, https://www.rhein-zeitung.de/region/aus-den-lokalredaktionen/nahe-zeitung_artikel,-jumpo-startet-junge-buerger-sollen-sich-einbringen-koennen-_arid,1444912.html, (Zugriff am 09.12.2021)

Nationalpark Idar-Oberstein (2019): „Leben.Arbeiten.Einkaufen.“, Bürgerinformationsbroschüre, 13. Auflage

Raschke, Marcel (2013): Rechtsfragen Kommunaler Klimaschutzmaßnahmen unter besonderer Berücksichtigung des Bau- und Planungsrechts, Band 14

Rubik, Frieder/Kress, Michael/Müller, Ria (2018): Mit Wettbewerb Bürgerinnen und Bürger zum Klimaschutzmotivieren, in Klimaschutz kommunal umsetzen, Hrsg. Knobloch, Doris/Rupp, Johannes, oekom, München, S. 71–87

Scheer, Karl-Josef (o.J.a): Gemeinde-Infos, Ärzteverzeichnis, unter: https://www.freisen.de/aerzteverzeichnis (Zugriff: 09.12.21)

Scheer, Karl-Josef (o.J.b): Gemeinde-Infos, Wirtschaft und Gewerbe, unter: https://www.freisen.de/wirtschaft-und-arbeiten (Zugriff: 09.12.21)

Scheer, Karl-Josef: Interview mit dem Bürgermeister der Gemeinde Freisen, durchgeführt von Frau Agné und Frau Wuebold am 24.11.2021

Stadt Idar-Oberstein (2016), „Masterplan Vision 2030“, Idar-Oberstein

Stieß, Immanuel (2018): Klimafreundliche Alltagspraktiken unterstützen, in Klimaschutz kommunal umsetzen, Hrsg. Knobloch, Doris/Rupp, Johannes, oekom, München, S. 183–198

WFG BIR mbH/Wirtschaftsförderung Stadt Idar-Oberstein (2022): „jobzzone“, Verlag Matthias Ess, Kreuznach

Jack Engel, Milena Valeva, Julius Heinicke (Interview)

Kulturelle Bildung für Nachhaltigkeit in Peripherieräumen – Impulse aus Südafrika

1. Einführung

Die kulturelle Bildung spielt im Kontext der nachhaltigen Entwicklung und der Umsetzung der 17 Nachhaltigkeitsziele (SDGs) und den sich daraus ableitenden 5Ps (People, Planet, Prosperity, Partnership und Peace) eine tragende Rolle. Durch ihren vielseitigen Einsatz in Form verschiedenster Formate kann sie auch dort eingesetzt werden, wo die nachhaltige Entwicklung nicht so sehr im Fokus der Öffentlichkeit steht. Peripherieräume zeichnen sich durch andere Charakteristika aus, die sehr häufig z.B. traditionsverbunden sind. Diese Traditionen wiederum sind auch ein Teil der Kultur und können gemeinsam mit kultureller Bildung zu einer nachhaltigen Entwicklung in regionalen Peripherieräumen beitragen. Internationale Erfahrungen sind an dieser Stelle sehr hilfreich – am Beispiel von Südafrika lassen sich erste konkrete Lehren ziehen.

2. Eine Begriffsbestimmung zur kulturellen Bildung

Die kulturelle Bildung ist in ihrem Verständnis ein sehr weit definierter Begriff, der auf den ersten Blick recht unübersichtlich wirkt. Um der kulturellen Bildung ein besseres Verständnis entgegenzubringen, macht es Sinn sich zuerst mit den jeweiligen Einzelbegriffen „Kultur“ und „Bildung“ zu beschäftigen.

2.1. Der Kulturbegriff

Der Kulturbegriff ist fest mit dem Menschen verbunden und in allen Bereichen des Lebens wiederzufinden. Umso schwieriger gestaltet sich eine genaue Bestimmung dieses weitreichenden Begriffes. Wie komplex der Begriff Kultur ist, weiß auch Eagleton und beschreibt das Wort Kultur als eines der komplexesten Begriffe der englischen Sprache.[1] Nach Eagleton

1 Vg. Eagleton (2016), S. 1

lässt sich der Begriff Kultur in vier zentrale Bereiche einteilen, zu denen (1) das künstlerische und intellektuelle Schaffen, (2) der spirituelle und künstlerische Entwicklungsprozess, (3) das praktizierte Leben nach gesellschaftlichen Normen, Riten, Werten und Symbolen und (4) die gesamte Lebensweise zählen[2]. Der erste Punkt kann als Bildungsprozess zur persönlichen Weiterentwicklung gesehen werden. Der zweite Punkt zeigt auf, dass Kunst eine wichtige Rolle spielt und einen Einfluss auf den Entwicklungsprozess hat. Gemeinsam mit dem dritten Punkt, der auch die gesellschaftliche Partizipation sowie die Vermittlung kulturrelevanter Werte verbindet, kann die Kultur eine Wirkung auf die gesamte Lebensweise haben und in dem Sinne auch das Handeln und Denken beeinflussen und bestimmen. Cicero beschreibt hierfür die Kultur als Kultivierung des Menschen und der gesellschaftlichen Umgangsformen.[3] Mit Blick auf die Begrifflichkeiten Kultivierung und Umgangsform wird ein Bezug zwischen Mensch und Natur ersichtlich, da Kultivierung im klassischen Sinn mit dem landwirtschaftlichen Anbau verbunden wird. Orientiert an den menschlichen Tätigkeiten im Ackerbau, leitet sich daraus der moderne Kulturbegriff ab, welcher die Techniken und Fähigkeiten aus dem Ackerbau auf die pädagogische, wissenschaftliche und künstlerische Ebene überträgt, die voraussetzend für den Erhalt der individuellen und sozialen Kompetenzen des Menschen im Naturumfeld sind.[4] Kultur steht somit in direktem Verhältnis zu Gesellschaft und Natur und wird als „die Kunst (..), durch welche Gesellschaften ihr Überleben und ihre Entwicklung in einer übermächtigen Natur sichern“[5] gesehen.

Wie bedeutend der kulturelle Stellenwert in der Gesellschaft ist, zeigt ein Blick auf den Artikel 27 der Vereinten Nationen, der Kultur wie folgt als Menschenrecht festgelegt[6]:

1. „Jeder hat das Recht, am kulturellen Leben der Gemeinschaft frei teilzunehmen, sich an den Künsten zu erfreuen und am wissenschaftlichen Fortschritt und dessen Errungenschaften teilzuhaben.“
2. „Jeder hat das Recht auf Schutz der geistigen und materiellen Interessen, die ihm als Urheber von Werken der Wissenschaft, Literatur oder Kunst erwachsen.“

---

2 Ibid.
3 Vgl. Moebius/Rehberg (2020), S. 136–141
4 Vgl. Ort (2008), S. 19–20
5 Böhme (1996), S. 53
6 Vereinte Nationen (2019)

Auch die UNESCO hat 1982 auf der Weltkonferenz über Kulturpolitik in Mexiko, den Begriff Kultur durch folgende zwei Punkten eingegrenzt[7]:

1. Kultur ist im weitesten Sinne die Gesamtheit der einzigartigen geistigen, materiellen, intellektuellen und emotionalen Aspekte, die eine Gesellschaft oder eine soziale Gruppe kennzeichnen. Dazu gehören sowohl Kunst und Literatur als auch Lebensformen, die Grundrechte des Menschen, Wertsysteme, Traditionen und Glaubensrichtungen.
2. Der Mensch wird durch die Kultur befähigt, über sich selbst nachzudenken. Erst durch die Kultur werden die Menschen zu rational handelnden Wesen, die über ein kritisches Urteilsvermögen und ein Gefühl der moralischen Verpflichtung verfügen. Erst durch die Kultur können die Menschen Werte erkennen und eine Wahl treffen. Erst durch die Kultur lernt der Mensch sich auszudrücken, wird sich seiner selbst bewusst und erkennt seine Unvollkommenheit. Er stellt seine eigenen Errungenschaften infrage, sucht unermüdlich nach neuen Sinngehalten und schafft Werke, durch die er seine Begrenztheit überschreitet.

Besonders der erste Satz des Artikels 27 sowie der zweite Satz der UNESCO zeigen wie wichtig und nah die Eigenschaften der Kultur für die Bildung sind. Am kulturellen Leben teilzuhaben, kann als Partizipation an der Gesellschaft gesehen werden und einen Einfluss auf die Sozialkompetenz haben. Auffallend ist auch die Erwähnung der Wissenschaft in diesem Kontext, welche in direkter Verbindung mit Kultur und Kunst stehen muss, sodass eine Verknüpfung zwischen der Kultur, den Künsten und der Wissenschaft ersichtlich wird. Die UNESCO schreibt der Kultur die Fähigkeit zu, den Menschen dazu zu bewegen, sich selbst zu reflektieren und seine Handlungen aufgrund moralischen Urteilsvermögens zu überdenken.

2.2. Der Bildungsbegriff

Der Begriff Bildung ist wie der Kulturbergriff sehr komplex und fest mit dem Menschen verwurzelt. Einen ersten Ansatz zur Definition des Bildungsbegriffs liefern Dollinger, Hörmann und Raithel, nach denen Bildung „die Aneignung von Kenntnissen und Fertigkeiten in Selbstverfügung und aktiver Gestaltung mit dem Ziel der reflexiven Ausformung eines kultivierten Lebensstils“[8] ist. Aus dieser Definition heraus, wird ersichtlich, wie eng die Kultur und Bildung zueinander stehen. Wie bereits der Kulturbegriff, verfolgt der Bildungsbegriff einen aus der Landwirtschaft abgeleiteten

7 Vgl. UNESCO (o.J. A), S. 1
8 Dollinger/Hörmann/Raithel (2009), S. 36

Ansatz, jenen der Kultivierung, und verdeutlicht gleichzeitig die Verbundenheit der Bildung zur Natur. Die Bildung verfolgt das Ziel, den Menschen dazu zu bringen seine erworbenen Fähigkeiten im Sinne eines überlegten Handelns und Denkens durch Selbstreflexion benutzen zu lassen. Eine gebildete Person im Sinn der Kultiviertheit ist somit im Stande, die praktischen Fähigkeiten mit theoretischen, vernunftgeleiteten Überlegungen zu verknüpfen und daraus eigene Entscheidungen abzuleiten.[9] Bildung soll dabei vor allem die eigenständige Selbstbestimmung des Menschen fördern, die durch Entstehung sinnlicher und gedanklicher Erfahrungen aus der ökonomischen, kulturellen und sozialen Umwelt reflektiert und anschließend angeeignet werden.[10] Damit sich der Mensch diesen Weg überhaupt erschließen kann, braucht er nach Ansicht von Humboldt die Freiheit, sich selbst bestimmen zu können, wodurch seine eigene Interessengeleitetheit aktiviert wird.[11] Die Interessengeleitetheit äußert sich, wenn sich Menschen intensiv mit einem spezifischen Gegenstand beschäftigen, um diesen Gegenstand zu verstehen.[12] Diese selbstbestimmte Auseinandersetzung und das sich daraus ableitende Erleben von Selbstbestimmtheit haben einen Einfluss auf die Persönlichkeitsentwicklung und Identitätsbildung.[13]

Bildung ist wie auch die Kultur, ein Menschenrecht und ist im Artikel 26 wie folgt festgelegt[14]:

1. „Jeder hat das Recht auf Bildung. Die Bildung ist unentgeltlich, zum mindesten der Grundschulunterricht und die grundlegende Bildung. Der Grundschulunterricht ist obligatorisch. Fach- und Berufsschulunterricht müssen allgemein verfügbar gemacht werden, und der Hochschulunterricht muß allen gleichermaßen entsprechend ihren Fähigkeiten offenstehen."
2. „Die Bildung muß auf die volle Entfaltung der menschlichen Persönlichkeit und auf die Stärkung der Achtung vor den Menschenrechten und Grundfreiheiten gerichtet sein. Sie muß zu Verständnis, Toleranz und Freundschaft zwischen allen Nationen und allen rassischen oder religiösen Gruppen beitragen und der Tätigkeit der Vereinten Nationen für die Wahrung des Friedens förderlich sein."

9 Vgl. Horlacher (2011), S. 12–13
10 Vgl. Dollinger/Hörmann/Raithel (2009), S. 36
11 Vgl. Kühn (2022), S. 16–17
12 Ibid.
13 Vgl. Kühn (2022), S. 16–17
14 Vereinte Nationen (2019)

Dabei beschränken sich die Vereinten Nationen in ihrem ersten Punkt auf die formale Bildung und wie diese zugänglich sein muss. Der zweite Punkt definiert das Ziel, das mit Bildung erreicht werden soll. Die Menschen sollen sich durch Bildungsmaßnahmen in ihrer identitären Persönlichkeit entwickeln. Die Vereinten Nationen setzen voraus, dass die Achtung der Menschenrechte und Grundfreiheiten ein Teilziel von Bildung sein muss. Auch die UNESCO teilt diesen Ansatz und sieht in der Bildung den Schlüssel zur individuellen Persönlichkeitsentwicklung und der Befähigung die Konsequenzen des eigenen Handelns abzuwägen und daraus eine nachhaltige Entscheidungshaltung zu entwickeln.[15] Der Bildungsprozess verfolgt hierbei drei wesentliche Ziele und soll (1) auf das Leben und vor allem das Arbeitsleben vorbereiten, (2) den Menschen die Möglichkeit bieten am gesellschaftlichen sowie der politischen Leben teilzunehmen und (3) ihn in seiner Persönlichkeitsbildung unterstützen.[16]

Gemäß ihren Zielsetzungen lässt sich vermuten, dass Bildung und Kultur vom Sinn her das Gleiche darstellen. Tatsächlich sind Kultur und Bildung, nach Fuchs, die zwei Seiten einer Sache.[17] Bildung stellt die subjektive Seite von Kultur dar, während Kultur die objektive Seite von Bildung ist.[18] Nach dieser Aussage setzt sich Bildung mit voreingenommenen und vordefinierten Meinungen, meist politischer oder gesellschaftlicher Natur, sowie mit kulturellen Gegenständen auseinander. Die Kultur sieht sich dagegen als Gegenpol und versucht unvoreingenommen einen neutralen Blick, ohne vorgelebte Werte oder Normen, auf Bildungsinhalte zu werfen. Daraus wird ersichtlich, dass Kultur und Bildung in ihrer Ausübung sowohl den Prozess einer werteorientierten Bildung als auch individuelle Persönlichkeitsentwicklung miteinander verbinden und den Menschen aufgrund ihres Zusammenwirkens die nötigen Mittel zur Verfügung stellen, die sie dazu befähigen sich kritisch mit komplexen Sachverhalten zu beschäftigen und dementsprechend zu handeln. In diesem Kontext ist Bildung ein erzieherisches Instrument, das aus theoretischer und praktischer Sicht die Welt erklärt und versucht, dieses Weltbild auf individueller Ebene mit der Kultur aus der Ich-Perspektive von jedem Individuum reflektieren zu lassen, um die persönliche Entwicklung zu fördern.

---

15 Vgl. Deutsche UNESCO-Kommission e.V. (o.J.)

16 Vgl. Bundeszentrale für politische Bildung (2009)

17 Ibid.

18 Vgl. Bundeszentrale für politische Bildung (2009)

2.3. *Kultur und Bildung im Zusammenspiel: Die kulturelle Bildung*

Der Begriff kulturelle Bildung ist, wie die beiden Wörter bereits erahnen lassen, genauso komplex wie Kultur und Bildung selbst. Dabei fungiert der Begriff kulturelle Bildung mitunter als Dachbegriff für die Bezeichnungen ästhetische Bildung und künstlerische Bildung.[19]

Die künstlerische Bildung umfasst die Bildung in den Künsten, die mit einem anschließenden Bildungsprozess durch die Künste einhergeht.[20] Ziel der künstlerischen Bildung ist es, durch erzieherische oder bildende Maßnahmen die Beherrschung verschiedener Handwerke oder Techniken einer Kunstform (z.B. Zeichnen) zu erlernen. Der Unterschied zwischen der Erziehung und Bildung dieser Maßnahme liegt in der thematischen Heranführung. Diese erfolgt entweder durch einen vorgegebenen Lehrplan und den dafür anzuwendenden Lehrmethoden (Erziehung) oder durch die eigene Auseinandersetzung mit der Thematik, welche zu neuen Erfahrungen und neuem Wissen führt (Bildung). Ein weiteres Element künstlerischer Bildung markiert das Erlernen der theoretischen Grundlagen, wie die Historie oder Entwicklung der zu lernenden Kunstformen. Das Gelernte muss dabei regelmäßig wiederholt werden, um die benötigten Fähigkeiten zur Ausübung der Kunstform perfekt zu beherrschen. Hier zeigt sich der Bildungsprozess sowie der Bildungsanspruch der künstlerischen Bildung: Wiederholtes Üben des Prozesses einer künstlerischen Tätigkeit mit Blick auf die theoretischen Grundlagenkenntnisse, sorgt nicht nur dafür, dass die Person die Kunstform vollständig reproduziert, sondern auch versteht. Ist dieser Prozess erfolgreich, wird in diesem Kontext auch von einem Bilden durch Kunst gesprochen.

Die ästhetische Bildung ist eine weitere Form der Auseinandersetzung mit künstlerischen Gegenständen oder Formen und zielt auf die Eigenaktivität und Selbstbestimmtheit des Subjekts.[21] Der Begriff Ästhetik meint dabei die Wahrnehmung, Empfindung und Erkenntnis aller Objekte, die einer ästhetischen Betrachtungsweise unterliegen.[22] Das Objekt, welches der Reflexion obliegt, muss dabei kein Kunstobjekt im eigentlichen Sinne sein. Die Gegenstände können vom Subjekt, also dem Menschen, als ästhetisch empfunden werden, ohne ein Kunstobjekt zu sein.[23] Dadurch können auch normale Gegenstände aus ästhetischer Sicht betrachtet und analysiert

19 Vgl. Reinwand (2008), S. 108–114
20 Zum Folgenden s. Reinwald (2008), S. 109–110
21 Vgl. Kühn (2022), S. 27
22 Vgl. Reinwand (2008), S. 110–111
23 Vgl. Reinwand (2008), S. 110–111

werden. Die ästhetische Bildung verfolgt somit einen subjektorientierten Bildungsprozess, bei dem durch ästhetische Erfahrung ein Selbstreflexionsprozess des Subjektes gebildet wird, der aus dieser ästhetischen Erfahrung heraus entsteht.[24] Die ästhetische Bildung und ihre Erziehung beschränken sich im Gegensatz zur künstlerischen Bildung also nicht nur auf die Kunst, sondern auf alle Gegenstände, denen das Subjekt eine große Aufmerksamkeit und Wahrnehmung entgegenbringt.[25] Dies ist jedoch nur dann möglich, wenn das Objekt nach Herkunft, Bedeutung und Funktion kulturell einordbar ist und durch die daraus erwachsende Kenntnis und Erkenntnis eine Reflexion über das Objekt möglich macht.[26] Die ästhetische Bildung verfolgt dabei die Eigenaktivität und Selbstbestimmtheit des Subjekts im Sinne eines dauerhaften und lebenslangen Reflexionsprozesses.[27] Die ästhetische Erziehung zielt auf die ästhetische Alphabetisierung, welche durch das Wissen älterer Generationen an Jüngere weitergegeben werden soll.[28] Unter ästhetischer Alphabetisierung wird das gesammelte Wissen über Symbole und Tradition verstanden, das benötigt wird, um sich mit ästhetischen Formen besser auseinanderzusetzen und in der Regel von den Institution, aber auch zunehmend von Kulturanbietern vermittelt wird.[29]

Die Kulturelle Bildung markiert den Oberbegriff der beiden vorherigen Begrifflichkeiten. Kulturelle Bildung versucht durch kulturelle Aktivitäten die Menschen zu einem besseren Umgang mit Kunst und Kultur zu befähigen und dabei ein gestalterisches ästhetisches Handeln zu fördern.[30] Der Begriff der kulturellen Bildung differenziert sich vor allem durch die soziale und politische Dimension von der Umsetzung des Kulturbegriffs.[31] Wie komplex und vielschichtig der Begriff der kulturellen Bildung dabei ist, zeigt Fuchs, der vier Dimensionen des Kulturbergriffs im Kontext der kulturellen Bildung definiert[32]:

- Der anthropologische Kulturbegriff, welcher die Kultur und die Welt umfasst, die vom Menschen selbst geschaffen und gestaltet wurde.
- Der ethnologische Kulturbegriff im Sinne von Kultur als Lebensweise bestimmter Gruppen.

24 Vgl. Kühn (2022), S. 27
25 Vgl. Reinwand (2008), S. 110–111
26 Ibid.
27 Ibid.
28 Ibid.
29 Vgl. Dietrich (2008), S. 125–126
30 Vgl. Berner et al. (2020), S. 25–27
31 Vgl. Reinwand (2008), S. 111–114
32 Vgl. Fuchs (2008), S. 65

- Der soziologische Kulturbegriff, der die Kultur als Gerüst aus Werten und Normen sowie Kunst, Religion und Wissenschaft sieht und als Idee der Humanisierung und Sozialisierung, die sinnhafte Selbstbeobachtung und -deutung der Gesellschaft verfolgt.
- Der enge Kulturbegriff, der die Künste beschreibt und dort zum Einsatz kommt wo sich Hochkultur von Alltags- oder Populärkultur unterscheidet.

Im pädagogischen Kontext ist kulturelle Bildung vor allem in den Bereichen Musik, Tanz, Spiel, Theater, Literatur, Bildende Kunst, Architektur, Film, Fotografie, Video und Audio anzutreffen. Dabei steht das selbstständige Subjekt im Mittelpunkt der kulturellen oder ästhetischen Lernerfahrung, wodurch die Selbstklärung, Selbstbewusstwerdung als auch die kritische Reflexion- und Urteilskompetenz aktiviert und gefördert werden.[33] Durch die Schaffung eines geeigneten Handlungsrahmens wird das Subjekt durch Ausübung ästhetischer Produktions- und Rezeptionsprozesse dazu motiviert komplexe Sachverhalte zu verstehen und aus sich selbst heraus eine eigene Anschauung dieser Sache zu entwickeln und umzusetzen.[34] Die Teilhabe an diesen Aktivitäten fördert die personale, soziale, gesellschaftliche und methodische Kompetenzen des partizipierenden Subjekts.

Kulturelle Bildung versucht, die Menschen so zu erreichen, dass durch Kunst oder Ästhetik ein Aktivierungsprozess entsteht, der in einem Selbstreflexionsprozess mündet und durch ein verändertes Handeln nach außen hin sichtbar wird. Dabei kann besonders die ästhetische Bildung durch die Entfremdung und Darstellung kunstfremder Objekte im ästhetischen Sinn auch Reflexionsprozesse jenseits der Kunstebene erzeugen.

Kulturelle Bildung dient der eigenen Persönlichkeitsbildung durch Anwendung künstlerischer oder ästhetischer Ausdrucksformen und ist der Allgemeinbildung zuordenbar. Durch den Einsatz der ästhetischen und künstlerischen Methoden wird der Selbstreflexions- sowie der Selbstwirksamkeitsprozess des Individuums gestärkt und der Reflexionsprozess gefördert. Das Subjekt entdeckt hierbei neue Sichtweisen und befasst sich durch die kritische Innen- und Außenreflexion sowie der produktiven und reflexiven Auseinandersetzung mit der wahrgenommenen Kunst oder der ästhetischen Darstellung. Der Mensch wird durch die kulturelle Bildung gezwungen in sich zu gehen und einen eigenen Standpunkt einzunehmen, um zu erkennen, dass jedes einzelne Subjekt einen Unterschied auf die Gestaltung haben kann und somit auch Verantwortung für das eigene Handeln aufbringen

33 Vgl. Braun/Schorn (2008), S. 131

34 Ibid.

kann. Dadurch soll der Mensch in der Lage sein, zukünftig, besonders in Hinblick auf die drei wesentlichen Ziele des Bildungsprozesses, in Eigenverantwortung nachhaltige und verantwortungsvolle Entscheidungen zu treffen. Die kulturelle Bildung richtet sich jedoch nicht nur an die Ich-Perspektive des Menschen, in der alle Entscheidungen vor allem das eigene individuelle Leben betreffen, sondern zeitgleich mit ihrer Weltanschauung an die gesellschaftliche externe Sicht des Individuums und erwirkt somit eine Außen- und Innenwirkung. Kulturelle Bildung vermittelt zusätzlich Sachwissen sowie praktische Fähigkeiten und kann als nie abgeschlossener lebenslanger Bildungsprozess definiert werden, der den Menschen sein Leben lang begleitet.

3. Formate der kulturellen Bildung

Nachfolgend soll eine Übersicht über die gängigsten Formate der kulturellen Bildung gegeben werden. Dabei werden vorwiegend nonverbale, verbale, schriftliche sowie visuelle Formate vorgestellt, aber auch ein Blick auf die Möglichkeiten der Digitalisierung geworfen. Alle Formate der kulturellen Bildung sind dabei sowohl in der formalen, nonformalen und der informellen Bildung zu finden. Überwiegend finden kulturelle Aktivitäten auf freiwilliger Basis in Form von nonformaler oder informeller Bildung statt. Ein kleiner Anteil kultureller Bildung ist jedoch auch in der formalen Bildung wiederzufinden. So können Kunst-, Musik- und Sportunterricht mitunter in den Bereich der kulturellen Bildung eingeordnet werden. Dabei ist kulturelle Bildung in fast allen Lebensbereichen anzutreffen, wie die nachfolgende Auswahl aufzeigt.

3.1. Kulturelle Bildung und Kunst

Unter dem Kunstbegriff hat die Mehrheit der Menschen wahrscheinlich ein im Museum hängendes Bild im Kopf. Tatsächlich übernehmen Bilder als Teil der Kunst eine wichtige Rolle und zeigen sich in unterschiedlichsten Ausprägungen. Ein Bild oder Kunstobjekt kann demnach etwas darstellen (z.B. eine Situation) und dabei materielle (z.B. eine Skulptur) oder visuelle (z.B. eine Skizze) Gestalt annehmen.[35] Die Kunst ist in der Lage, den Menschen zu aktivieren und seine persönliche Momentlage, mit all ihren Dimensionen, künstlerisch zum Ausdruck zu bringen und diese anschlie-

---

35 Vgl. Herbold/Kirschmann (2008), S. 432–433

ßend durch die eigene äußere Betrachtung selbst zu reflektieren.[36] Daneben kann Kunst auch im Rahmen einer kritischen Betrachtung als analytisches Mittel genutzt werden, deren Erkenntnisse vom Subjekt anschließend basierend auf seiner persönlichen Wahrnehmung, in Form von Sprache oder Text widergegeben und zum Ausdruck gebracht werden.[37] Diese ästhetische Erfahrung versetzt das Subjekt dabei in sich selbst und zeigt ihm das eigene Ich im Verhältnis zur Welt, wodurch auch ein Verständnis für fremde Weltansichten entstehen kann.[38]

3.2. Kulturelle Bildung und Literatur

Lesen und Schreiben sind Grundvoraussetzungen, nicht nur für eine erfolgreiche Bildung, sondern auch für ein erfolgreiches Leben. Gemeinsam mit der Sprache bilden diese drei Faktoren die Grundbasis zur gesellschaftlichen Teilnahme. Ein großer Anteil der Literatur kommt bereits im Kindesalter zum Tragen, wenn Eltern mit ihren Kindern durch Erzählungen oder Kniereitern, nicht nur die literarische Sozialisation ihrer Kinder, sondern auch deren bildnerische Sozialisation fördern.[39] Dabei durchleben Kinder durch die Verknüpfung von Erzählung und ästhetischen Gegenständen neue Lernprozesse, die vor allem die Fantasie, die Wahrnehmungsfähigkeit, aber auch die eigene Identitätsentwicklung bestimmen.[40]

Die literarische Sozialisation hingegen verfolgt zwei Ansätze. Der erste Ansatz besteht in der Nutzung von Literatur als persönlicher Gegenstand, um sich selbst zu reflektieren, Fragen auf Antworten zu bekommen oder auch zur persönlichen Aneignung von Wissen und Informationen.[41] Der zweite Ansatz betrachtet die Literatur als Kunstform, die den Menschen dazu verleiten soll, die Funktionsweise der Literatur zu verstehen und somit kulturelle Praktiken zu erkennen, die ihn dazu befähigen an der Kultur einer bestimmten Gesellschaft zu partizipieren.[42]

36 Vgl. Peez (2008), S. 439–440
37 Vgl. Herbold/Kirschmann (2008), S. 432–433
38 Vgl. Peez (2008), S. 439–440
39 Vgl. Breitmoser (2008), S. 464
40 Ibid.
41 Ibid.
42 Ibid.

3.3. Kulturelle Bildung und Musik

Durch das Praktizieren von Musik entsteht ein organisierter Schall, der dem Menschen Raum gibt, sich durch die Erzeugung dieser Klänge selbst auszudrücken.[43] Die Wirkungsweise von Musik kann dabei vielseitig eingesetzt werden. Als Medium kultureller Bildung ist Musik mit Methodik und kulturellen Wertehaltungen ein Ausdrucks- und Kommunikationsmittel, das dem Subjekt die Möglichkeit gibt, gesellschaftlich und kulturell teilzunehmen und die eigene Erlebnis- und Handlungsfähigkeit zu stärken.[44] Musik als Werk bezeichnet einen interdisziplinären Kunstbegriff, welcher aus verschiedenen Blickwinkeln der Betrachtung versucht, die gestalterische ästhetische Transformation der kognitiven und emotionalen Energie auszudrücken.[45] Der handlungsorientiere Musikbegriff fokussiert sich auf die verschiedenen körperlichen, kommunikativen, emotionalen, soziokulturellen Eigenschaften zwischen dem Objekt Musik und dem Subjekt Mensch.[46] Die bildende Musik fördert durch ihre Ausdrucks- und Gestaltungsfähigkeit die Persönlichkeitsbildung, die Selbstentwicklung, aber auch das soziokulturelle Zusammensein im Rahmen des gemeinsamen Musizierens.[47]

3.4. Kulturelle Bildung und Bewegung

Eine weitere Form der kulturellen Bildung markiert die Bewegung. Es handelt sich hierbei um alle Formate, die mit den Bewegungen des Menschen zu tun haben, wie z.B. Tanzen, Turn- oder auch der Sportunterricht. Körperliche Bewegung ist demnach eine „nonverbale Darstellungs- und Ausdrucksform des Menschen, in deren Zentrum die subjektive ästhetische Inszenierung des Körpers und eine Formung der Bewegung in Raum und Zeit stehen“[48]. Dabei wird die Ausübung des Tanzens vom geschichtlichen und soziokulturellen Umfeld sowie den damit verknüpften Normen, Werten und Praktiken beeinflusst, die durch den Ausdruck und die Wahrnehmung der eigenen Beweglichkeit und Körperlichkeit vom Subjekt dargestellt werden.[49] Durch die Eigenbewegung und den daraus entstehenden Erfahrungen wird beim Subjekt in Form von z.B. einer erweiterten Wahrnehmung

43 Vgl. Höppner (2008), S. 546
44 Vgl. Geuen (2018), S. 20–23
45 Vgl. Geuen (2018), S. 20–23
46 Ibid.
47 Vgl. Pannes (2008), S. 569–570
48 Fleischle-Braun (2008), S. 582
49 Ibid.

des Wissens um die körperliche Bewegung oder auf sozialer Ebene durch das miteinander Lernen einer beispielsweise genderspezifischen Köpersprache ein ästhetischer Reflexionsprozess ausgelöst.[50] Hierbei lassen sich drei Arten der ästhetischen Erfahrung unterscheiden[51]:

1. Die Rezeptivität beobachtet den Tanz, und das Subjekt setzt sich mit der erlebten kulturellen Vielfalt aktiv auseinander.
2. Die Reflexivität reflektiert das neue Erlebte und dient der eigenen Voraussetzung der körperlichen Ausdrucksfähigkeit.
3. Die performative Erfahrung in ästhetischen Bewegungspraktiken verleitet das Subjekt dazu, die beweglichen Ausdruckformen zu erproben, und fördert sowohl die eigene Darstellung und Interpretation als auch das gestalterische Arbeiten.

Forschende haben herausgefunden, dass der Grundstein des Lernens in der Bewegung des Körpers liegt, da Bewegungen es dem Menschen erlauben, sich in der eigenen Welt selbst zu artikulieren und sich gleichzeitig nach außen hin auszudrücken.[52]

3.5. Kulturelle Bildung im Theater

Eine weitere Form von kulturellen Bildungsangeboten bilden Kunsteinrichtungen wie Theater oder eigens initiierte Theatergruppen. Mit rund 14 Millionen[53] Besuchern:innen in Deutschland für den Zeitraum 2019/2020 kommt dem Theater als Instrument der kulturellen Bildung eine wichtige Bedeutung zu. Das Theater befasst sich mit der darstellenden Kunst und verfolgt vor allem soziale und kommunikative Ziele, die sich durch die Verkörperung von Figuren und der Kommunikation von Darstellern und Zuschauern äußern.[54] Begleitet durch die künstlerische Tätigkeit und der Relevanz der Themen, lernen die Beteiligten nicht nur neue Ausdrucksformen und Wirkungsweisen, sondern es entsteht auch ein experimenteller Raum, in dem die Teilnehmer spezifische Themen gestalterisch erforschen und sich, falls gewollt, damit auseinandersetzen können.[55] Das Theater ist also ein Raum der ästhetischen Bildung, in welchem sprachliche, reflektive und soziale Kompetenzen im Mittelpunkt stehen, die für die künstlerische

50 Vgl. Klein (2008), S. 610
51 Vgl. Fleischle-Braun (2008), S. 584
52 Vgl. Fleischle-Braun (2008), S. 582
53 Deutscher Bühnenverein (2022), S. 5
54 Vgl. Taube (2008), S. 616–619
55 Ibid.

Darstellung auf der Bühne und dem Diskurs mit den anderen Teilnehmenden benötigt werden.[56] Eine weitere Eigenschaft des Theaters ist die soziale Vermittlung, die beispielsweise im Theaterspiel im interkulturellen oder intergenerationellen Kontext zwischen Menschen verschiedenen Alters oder kultureller Wurzeln entsteht und durch spielerische Kommunikation ein besseres Verständnis beim Gegenüber bewirkt.[57]

3.6. Kulturelle Bildung und Museum

Museen sind weitere Orte, an denen Formate der kulturellen Bildung umgesetzt werden und in Lernprozesse münden. Die Vielfältigkeit von Museen hinsichtlich deren thematischer Auslegung reicht dabei von Kunstmuseen über Technikmuseen bis hin zu kleineren Volkskundemuseen. Wie beliebt Museen in der Bevölkerung sind, zeigen die Besucherzahlen aus dem Jahr 2019: 112 Millionen Besucher:innen[58]. Museen verfolgen die Aufgabe der Vermittlung, indem die besuchende Person mit authentischen Werken aus der historischen Vergangenheit konfrontieret wird und fördert mit ihrem kulturellen Anspruch sowohl Dialog, Frieden als auch eine nachhaltige Entwicklung.[59] Durch Anschauung, kulturelle Teilhabe sowie der Interaktion zwischen Subjekt und Objekt wird, meist unter Führung von Fachpersonal, ein Bildungsprozess generiert.[60] Der Besuch eines Museums setzt jedoch die Freiwilligkeit des Subjekts voraus und charakterisiert sich vor allem durch die interessengeleitete Neugier der Besucher:innen, d.h., die Person wird durch ihre eigene individuelle Neugierde oder das eigene Interesse geleitet und steuert autonom durch die sich ihr vorgebende Museumslandschaft.[61]

Museen besitzen demnach sechs wesentliche Charakteristika, die Grundbasis für selbstgelenkte Handlungen sind und eine hohe Wirkung auf die Förderung der erlebten Selbstwirksamkeit haben.[62] Durch (1) Hands-on-Lernaktivitäten wird die persönlicher Bedeutung des (2) Inhalts (Constructing personal meaning) aufgebaut.[63] Das Subjekt setzt sich dabei mit der ästhetischen Erfahrung auseinander und wird zur Reflexion anregt.[64]

---

56 Vgl. Bolwin (2008), S. 623
57 Vgl. Radermacher (2008), S. 639–430
58 Institut für Museumsforschung, S. 4
59 Vgl. UNESCO (o. J. b), S. 1
60 Vgl. Kunz-Ott (2008), S. 648–650
61 Vgl. Lewalter/Noschka-Roos (2008), S. 665–667
62 Vgl. Paris/Yambor/Packard (1998), S. 268–271
63 Ibid.
64 Ibid.

Bei diesem Prozess hat das Subjekt die (3) Wahl (choice) aus Lernmethoden selbst auszuwählen und selbstbestimmt und motivationsgeleitet die eigenen Interessen zu verfolgen. Gleichzeitig ist dies jedoch eine (4) Herausforderung (challenge), die der eigenen (5) Kontrolle (control) des Subjekts untersteht und unter seiner Selbstbestimmung ausgeführt wird.[65] Gemeinsam mit anderen Menschen entsteht dabei eine (6) Zusammenarbeit (Collaboration), die das Gefühl der sozialen Integration stärkt.[66] Museen bieten somit eine Vielfalt an kulturellen Bildungsaspekten, die thematisch alle sozialen Gruppen ansprechen und sowohl die eigene Interessenentwicklung als auch die eigene Motivation für ein spezifisches Thema fördern.

4. Kulturelle Bildung und Digitalisierung

Die Digitalisierung bietet neue Erschließungsmöglichkeiten für die kulturelle Bildung. Nach statistischen Berechnungen besitzt in Deutschland jede Person ab 12 Jahren ein Smartphone und hat damit die Möglichkeit eines digitalen Zugangs.[67] In den Schulen werden zunehmend digitale Medien und Geräte sowohl im Unterricht als auch außerhalb des Unterrichts von Schülern für Bildungszwecke benutzt. Ein Trend, der sich vor allem während der Corona-Pandemie gebildet und verstärkt hat.[68] Auch in der kulturellen Bildung wurde der Stellenwert der Digitalisierung erkannt. Zunehmend werden digitale Medien sowie Bildungsangebote zur Ausübung und Vermittlung kultureller Bildung eingesetzt. Durch die digitale Veränderung der Gesellschaft ergeben sich für die kulturelle Bildung neue Möglichkeiten des sozialen und kulturellen Transformationsprozesses.[69] Neben der Gestaltung neuer Transformationsprozesse ermöglicht die Digitalisierung auch eine Erweiterung der potenziellen Zielgruppen. Die Digitalisierung baut dabei auf der Software, den Netzwerken, den Datenbanken sowie der Materialität auf, welche die Handlungs- und Erfahrungsprozesse im Rahmen der Bildung in den letzten Jahrzehnten maßgeblich verändert haben.[70]

Museen arbeiten mit Künstlicher Intelligenz, um ihre Ausstellungen online zugänglich zu machen und neue Kunstformen wie Videospiele, die spielerisch das Sammeln neuer Erfahrungen ermöglichen, bereichern durch

65 Ibid.
66 Ibid.
67 Vgl. Statistisches Bundesamt (Destatis) (2020), S. 239
68 Ibid. S. 255–258
69 Vgl. Jörissen/Unterberg (2019), S. 11
70 Vgl. Jörissen/Unterberg (2019), S. 13–18

die Gamification die kulturelle Bildung.[71] Digitale ästhetische Angebote stärken die Partizipation und Zugänglichkeit und fördern nicht nur die Kommunikation, sondern erschaffen auch neue Formen der Kommunikation (z.B. digitaler Austausch in Netzwerken oder digitalen Räumen) und der Selbstbestimmungsmöglichkeiten.[72] Die digitale Transformation, mit der die heutige Generation aufwächst, erfordert auch neue angepasste kulturelle Bildungsformate, die auf digitale und generationsgerechte Art weiterhin den Bezug zwischen Kultur und Außenwelt herstellen.[73]

Besonders soziale Netzwerke scheinen nach aktuellen Forschungen zunehmend geeignet für digitale kulturelle Bildungsformate. Aufgrund ihrer einfachen Zugänglichkeit und der kulturellen Vielfalt in den sozialen Netzwerken wird die Partizipation als auch der kulturelle Austausch gefördert.[74] Soziale Räume sind in dem Sinne „Träger von Kultur und Gesellschaft", die Handlung und Reflexion des Subjekts in kulturellen Rahmenbedingungen fördern und somit gesellschaftliche Verhältnisse innerhalb der sich dieser Prozess vollzieht, widerspiegeln.[75]

Wie gut solche Ansätze mit kultureller Bildung vereinbar sind, zeigt das Projekt #wirwarenhier.[76] In dem Projekt gestalteten Jugendliche die Stadtlandschaft in München durch künstlerische Objekte und nutzten dabei interaktiv die Social-Media-Plattform Instagram als Gestaltungs-, Dokumentations- und Kommunikationsmittel.[77] Durch die Nutzung dieses Tools sollte ein kritischer, aber auch produktiver Umgang mit digitalen Medien erzielt und erlernt werden, um die eigenen Tätigkeiten in der Öffentlichkeit zu reflektieren.[78] Das Projekt förderte kreative Handlungen, und durch die Interaktion über Instagram konnte ein digitaler als auch analoger Raum für Reflexionen sowie eigene Sichtweisen geschaffen werden.[79] Damit solche Projekte zum Erfolgt werden, bedarf es einer klaren Zielformulierung und fachspezifischer Betreuung. Unter gegebenen Voraussetzungen sind digitale Medien damit ein geeignetes Medium, um kulturelle Prozesse besser zu erleben, zu reflektieren, gemeinsam zu diskutieren sowie diese individuell gestalten zu können.

71 Vgl. Reinwand-Weiss (2019)
72 Ibid.
73 Vgl. Jörissen/Unterberg (2019), S. 18–21
74 Vgl. Allert et al. (2019), S. 64–67
75 Vgl. Autenrieth/Nickel (2020), S. 13–14
76 Vgl. Gebauer/Hartmann (2021), S. 269 ff.
77 Ibid.
78 Ibid.
79 Ibid.

5. Kulturelle Bildung – Beitrag zur Nachhaltigkeit

Kulturelle Bildung ist in vielen Bereichen des Lebens anzutreffen. Mit Blick auf den Bildungsauftrag, erscheint die Frage gerechtfertigt, wie wirksam der Einfluss kultureller Bildung auf den Menschen ist. Einen ersten Anhaltspunkt liefert eine Studie der OECD aus dem Jahr 2013. Im Bericht „Kunst um der Kunst Willen" wurden Studien zur Wirkung der kulturellen Bildung im Hinblick auf die Innovationskompetenz ausgewertet, die von der OECD wie folgt definiert sind[80]:

1. Die technische Kompetenz zur Erlangung von inhaltlichem und prozeduralem Wissen.
2. Kreative Kompetenzen und Denkfähigkeit, die benötigt wird, um Ideen zu hinterfragen, Probleme zu entdecken, die Grenzen des Wissens zu verstehen, Zusammenhänge zu bilden und eine allgemeine Vorstellungskraft zu entwickeln.
3. Verhaltens- und soziale Kompetenzen, die die gesellschaftlichen Fähigkeiten wie Selbstvertrauen, Zusammenarbeit und Kommunikation stärken.

Obwohl kein direkter Nachweis dafür erbracht werden konnte, dass die kulturelle Bildung im Allgemeinen zu besseren Schulnoten führt, konnten in den einzelnen Teilbereichen der kulturellen Bildung durchaus Veränderungen auf die individuellen Kompetenzen nachgewiesen werden.[81]

Besonders bei Musikformaten wurde ansatzweise nachgewiesen, dass sie aufgrund der gestärkten auditiven Wahrnehmung sowie der schulähnlichen Unterrichtsgestaltung einen Einfluss auf den Intelligenzquotienten, die auditive Wahrnehmung und die Konzentrationsfähigkeit haben.[82] Dies belegt auch eine Studie des Rates für kulturelle Bildung, die zur Erkenntnis gelangte, dass Musik einen positiven Effekt auf die Sprachentwicklung von Kindern hat und diesbezüglich besonders bei Kindern mit Migrationshintergrund eine große Wirkung zeigte.[83] Zur gleichen Erkenntnis gelangt auch das Verbundvorhaben MINUTE („Musikalische Interventionen für nachhaltige Eingliederung und kulturelle Teilhabe geflüchteter Kinder und Heranwachsender"), das die psychosozialen Beschwerden und die erfolgreiche Einbürgerung von männlichen Flüchtlingen mithilfe von praktizierter

80 Vgl. Goldstein/Vincent-Lancrin/Winner (2013), S. 5
81 Vgl. Goldstein/Vincent-Lancrin/Winner (2013), S. 7
82 Ibid.
83 Vgl. Rat für Kulturelle Bildung e.V. (2017), S. 3–4

Musik in der Freizeit erforschte.[84] Das Projekt konnte belegen, dass durch gemeinsames Musizieren ein deutlicher Zugewinn der emotionalen Kompetenz mit einhergehenden verminderten posttraumatischen Belastungsstörungen und eine positive Betrachtung zur Aufnahmekultur der Deutschen erfolgte.[85] Die kulturelle Bildung im Sinne von gemeinsamem Musizieren zeigte sich in diesem Projekt als gutes Mittel zur gesellschaftlichen Eingliederung, aber auch der interkulturellen Akzeptanz von männlichen Flüchtlingen. Mit Blick auf die nachhaltige Entwicklung zeigt dieses Beispiel, wie gut die Formate der kulturellen Bildung für Umsetzung der 17 SDGs sowie der 5Ps geeignet sind. In diesem Fall konnten die beiden Punkte soziale Gerechtigkeit und Partizipation mit Einbindung der 3 Ps Peace, People und Partnership erfolgreich gestärkt werden.

Ähnliche Beobachtungen konnten auch beim Theater, der bildenden Kunst und dem Tanz festgestellt werden, wobei besonders bei der bildenden Kunst ein Zusammenhang zwischen Kunstanschauung und deren Einfluss auf die Analyse wissenschaftlicher Abbildungen nachgewiesen wurde, was als Indiz für den Transfer von Kompetenz interpretiert werden kann.[86] Theater und Tanz hingegen haben nachweislich einen Einfluss auf die Kreativität von Jugendlichen und fördern insbesondere die Wahrnehmung von Gefühlen anderer Personen als auch das Sprechen über die eigenen Gefühle, was auf eine gesteigerte emotionale Kompetenz hindeutet.[87] Die OECD-Studie kommt zum Ergebnis, dass kein eindeutiger Einfluss durch kulturelle Bildung auf die Kompetenzen nachweisbar ist, jedoch zeigen einzelne Studien eine gesteigerte Motivation sowie eine Übertragung der neu gewonnenen Kompetenzen auf andere Lebensbereiche.[88]

Die neuere Studie des Rates für kulturelle Bildung widerlegt teilweise die Aussagen der OECD-Studie und zeigt, dass kulturelle Bildung durchaus positive Einflüsse auf die Entwicklung junger Menschen haben kann und deren Lernverhalten als auch Persönlichkeitsentwicklung positiv beeinflusst.[89]

Eine weitere Wirkung konnte bei literarischen Texten festgestellt werden. Jugendliche werden durch das Lesen von Literatur aktiviert und erleben auf ästhetische Art und Weise in einem inneren Prozess die gelesenen

84 Vgl. Bongard et al. (2020), S. 279 ff.

85 Ibid.

86 Vgl. Goldstein/Vincent-Lancrin/Winner (2013), S. 8

87 Vgl. Rat für Kulturelle Bildung e.V. (2017), S. 7–8

88 Ibid., S. 8–11

89 Vgl. Rat für kulturelle Bildung e.V. (2017), S. 6

Texte, die potenzielle Auswirkungen auf die Empathie haben können.[90] Dieser Ansatz einer gesteigerten Empathie konnte auch im Digi-Selbst-Projekt nachgewiesen werden. Die Teilnehmer nahmen an zeichnerischen Aktivitäten im Rahmen der bildenden Kunst teil und wurden anschließend auf ihre soziale und emotionale Kompetenz hin getestet.[91] Dabei wurde bei den Teilnehmenden nach der Teilnahme an den Kursen sowohl eine erhöhte Empathie in Verbindung mit der Erkennung von Emotionen dritter Personen als auch eine differenzierte Selbstbetrachtung nachgewiesen, die auf einen verbesserten empathischen und positiven Transfereffekt auf Ebene der sozial-emotionalen Fähigkeiten schließen lässt.[92]

Einen weiteren Beitrag leisten die schulischen sowie außerschulischen Bildungsinstitutionen. Außerschulische kulturelle Bildungsangebote fördern demnach die Kreativität und Persönlichkeitsentwicklung von Kindern der 5. Klasse.[93] Einen ähnlichen Beitrag leisten auch Jugendkunstschulen, die den persönlichen, sozialen sowie praktischen Bildungsprozess von Jugendlichen durch Kunst fördern und somit nachweislich Einfluss auf das künstlerische Know-how, die Persönlichkeitsentwicklung und das soziale Selbstkonzept von Jugendlichen nehmen.[94]

Auch wenn die Wirkungsnachweise nicht durchgehend belegbar sind, zeigen die meisten Studien einen positiven Beitrag der kulturellen Bildung im Sinne der 5 Ps sowie den 17 Ziele für nachhaltige Entwicklung. Besonders auf persönlicher Ebene ist ein Beitrag der kulturellen Bildung in der Persönlichkeitsentwicklung, des Reflexionsprozesses, der emotionalen Kompetenz sowie der Empathie nachweisbar, die u.a. benötigt werden, um andere Sichtweisen zu verstehen, und sind somit notwendige Voraussetzungen für ein nachhaltiges Denken und Handeln. Da die Bedeutung der kulturellen Bildung für die nachhaltige Entwicklung bejaht werden kann, gilt es an dieser Stelle, diese Rolle in Peripherieräumen zu lokalisieren und zu explorieren.

90 Ibid., S. 9

91 Vgl. Fernández et al. (2020), S. 241–242

92 Vgl. Fernández et al. (2020), S. 241–242

93 Vgl. Rat für Kulturelle Bildung e.V. (2017), S. 8–9

94 Ibid.

6. Kulturelle Bildung für Nachhaltigkeit in Peripherieräumen – im Gespräch mit einem Experten

Professor Doktor Julius Heinicke ist Dozent für Kulturpolitik an der Universität Hildesheim und Lehrstuhlinhaber des UNESCO-Lehrstuhls „Kulturpolitik für die Künste in Entwicklungsprozessen". Aufgrund langjähriger Forschungen zu den verschiedensten Themengebieten der Kulturwissenschaften mit Bezug zu der Diversität in Deutschland sowie dem südlichen Afrika gilt Professor Heinicke als Experte auf dem Gebiet der kulturellen Bildung. Im nachfolgenden Interview wird tiefergehend auf die Bedeutung der kulturellen Bildung für nachhaltige Entwicklung in ländlichen Peripherieräumen eingegangen. Der Fokus dieses Expertengesprächs liegt auf kulturellen Bildungsangeboten in Südafrika, da das Land diesbezüglich international eine Vorreiterrolle übernimmt. Zur besseren Lesbarkeit werden die Fragen des Interviewers mit der Abkürzung „F" (für Fragen) eingeführt.

F: Herr Prof. Dr. Heinicke, warum ist kulturelle Bildung im außerschulischen Bereich wichtig?

Julius Heinicke: Kulturelle Bildung ist wichtig, weil sie einen Reflexionsort öffnet, sodass die eigenen Erfahrungen und die eigenen aktuellen Themen reflektiert und in einen größeren Bildungskontext hineingesetzt werden können. Kulturelle Bildung heißt aber auch, dass es dafür Strukturen, Institutionen, Räume, Vereine und Hilfestellungen gibt, um reflektieren zu können. In diesen Räumen können wir Themen zuspitzen, verfremden, irritieren, sodass der Kulturraum mit dem Bildungskontext zusammen gedacht wird. Gerade in Bezug auf ländliche Gebiete fragen viele: Was gibt es da für kulturelle Räume? Wenn wir aber Kultur weit denken und auch sozusagen die Kultur im Kontext von Ackerbau und fragen, welche Traditionen gibt es, welche Feste gibt es dort, dann finden Sie jede Menge Kultur, die aber als solche oft nicht identifiziert beziehungsweise auch nicht reflektiert wird. Ich glaube, das ist eben ein Potenzial der kulturellen Bildung, sich bewusst zu machen: „Wir haben hier sehr viele kulturelle Räume in ländlichen Gebieten." Und diese zu bespielen und zu verändern, das ist Aufgabe eben der Menschen, die dort leben. Aus diesem Grunde denke ich, dass kulturelle Bildung hier großes Potenzial hat.

F: Das bringt uns direkt zur zweiten Frage. Welche Rolle spielt die kulturelle Bildung für die nachhaltige Entwicklung (17 SDGs)? Wie schätzen Sie selbst ein, wie die kulturelle Bildung über die Möglichkeit verfügt, die Bevölkerung eben auch in den ländlichen Regionen für diese 17 SDGs zu motivieren? Gibt es dabei Unterschiede zwischen den ländlichen und den städtischen Regionen?

Julius Heinicke: Die Nachhaltigkeitsziele können über die kulturelle Bildung sehr gut adressiert werden. Die kulturelle Bildung weist hierfür ein großes Potenzial auf, die 17 SGDs zu thematisieren und zu erarbeiten. Ich glaube schon, dass es Unterschiede insbesondere in der „Übersetzung" und Einbindung der 17 Nachhaltigkeitsziele gibt. Der Vorteil von Städten ist, dass es viele Informationsveranstaltungen gibt, dass die Räume hier sehr dicht und divers sind und die SDGs in den unterschiedlichen Kontexten thematisiert werden können. Der ländliche Raum ist in seiner Grundstruktur manchmal von diesen aktuellen Debatten entkoppelt. Aber wenn Sie sich die 17 Ziele anschauen, dann sind hier sehr viele Überschneidungen zu sehen, die Sie sogar eher in den ländlichen Räumen schaffen können als in der Stadt. Beispielsweise die Frage des Lebens im Wasser oder des Lebens auf dem Land oder die Frage Infrastrukturförderung. All das sind Themen, die in den Städten sicherlich auch thematisiert werden und dringlich sind, aber der ländliche Raum hier auch die Möglichkeiten hat, vieles zu verknüpfen: Beispielsweise Entschleunigung, die Frage der ökologischen Transformationsprozesse, da liegt sehr viel Potenzial in ländlichen Räumen, beispielsweise Moore, die, wenn sie renaturiert werden, nicht nur Wasser-, sondern auch CO_2-Speicher sind. Die Tourismuswirtschaft beispielsweise, als eine Form von „Well-Being" mit dem Faktor Entschleunigung spielt gerade für ländliche Räume eine große Rolle.

F: Würden Sie zustimmen, dass im Endeffekt die kulturelle Bildung durchaus ein geeignetes oder vielleicht auch das geeignete Mittel ist, um die SDGs in die Regionalentwicklung in der Peripherie zu implementieren?

Julius Heinicke: Ja, weil das alles Ebenen sind, die über kulturelle Reflexionen erschlossen beziehungsweise reflektiert werden können. Kulturelle Bildung gibt die Möglichkeit, erst mal zu widersprechen oder zu überlegen, was bedeuten die SDGs eigentlich konkret für mein Lebensumfeld. Dadurch werden Grenzen ausgelotet und an die eigene Identität angepasst. Wenn Sie Theater oder Kunstprojekte auf dem Land anschauen, sind das oft Räume, die langsam erobert werden und die dann auf einmal einen Bezug zur Region haben, weil lokale Künstler:innen oder eben die Bevölkerung mit involviert werden (neben der eigentlichen Performance wird dann auch Kuchen gebacken und verkauft). Es passiert eben so viel bei der lokalen Übersetzung der SDGs.

F: Sie haben gerade auch das Stichwort Theater genannt als eins von vielen Formaten der kulturellen Bildung, was sich wohl auch auf dem Land sehr gut umsetzen lässt. Gibt es noch, aus ihrer eigenen Erfahrung heraus, weitere Formate, mit denen man besonders gut die Leute erreichen kann?

Julius Heinicke: Zum Beispiel das Theater Metronom in Niedersachsen, das auf einem alten Bauernhof mitten auf dem Land steht. Was in jedem Fall auch gut funktioniert, ist die Präsentation tradierter Techniken – zum Beispiel Weben, Schmieden, aber auch Kochen etc. Beim Singen natürlich auch – der Chor ist hierzulande immer ein beliebtes Mittel, wo Sie keine Sprache sprechen müssen, sondern über die Musik vieles gemeinsam erfahren können.

F: Um kurz auf das Thema zu den staatlich regulierten Bildungseinrichtungen zu kommen. Wo konkret liegen hier die eigentlichen Unterschiede? Und eben auch die Stärken der kulturellen Bildung beziehungsweise welche Hürden gibt es hierbei eventuell zu überwinden?

Julius Heinicke: Ja, das Herausfordernde ist natürlich, dass kulturelle Bildung eine gewisse Flexibilität einfordert, weil es darum geht „bottom-up" die Bedürfnisse der Bevölkerung mit einzubeziehen, sich aber gleichzeitig gegenwärtigen Fragen zu nähern. In den staatlich geförderten Schulen haben wir natürlich ein sehr klar reguliertes Konzept, welches die Lehrpläne genau vorgeben. Diese sind aber selten innovativ oder auf aktuelle Themen gerichtet. Das Thema koloniale Geschichte ist immer noch zu wenig in den Schulbüchern präsent, kulturelle Bildung kann hier schneller agieren.

F: Aus ihrer eigenen Erfahrung heraus, wenn wir diesen Gedanken des ländlichen Peripherieraums etwas globaler ausweiten und beispielsweise uns mit der südlichen Hemisphäre beschäftigen, z.B. Südafrika. Würden Sie sagen, dass eben dort die kulturelle Bildung besser umgesetzt wird, weil dort die Regulierung von Bildungseinrichtungen anders ausgeprägt ist?

Julius Heinicke: Um bei ihrem Beispiel (Südafrika) zu bleiben, möchte ich anmerken, dass die Regulierung von Bildungseinrichtungen durchaus vorhanden ist. Das Schulsystem in Südafrika ist vom Commonwealth geprägt, also sehr tradiert. Zugleich unterliegt das Bildungssystem dort in der neueren Geschichte einer stetigen Veränderung. Nach 1994 mit der Entstehung einer neuen Republik wurde überlegt, wie kann der Bildungssektor verändert werden. In den vielen Kulturen Südafrikas gab es und gibt es unterschiedliche Formen des Lernens. Beispielsweise spielt das „Storytelling" eine wichtige Rolle, interessanterweise auch in Kombination mit Performance. In der Kindererziehung wird sehr viel mit performativen Formen gearbeitet. Die Vielfalt, die es an Kulturen und gesellschaftlichen Kontexten und an Erfahrungen in diesem Regenbogenland gibt, kann nur über die kulturelle Dimension erschlossen werden. Die Vielfalt in Südafrika kann der Bildungssektor primär über diversen kulturellen Formaten begegnen. In der Zeit, in der ich dort lebte, habe ich sehr viel gerade über die umfassende Rolle von Kunst und kultureller Praxis in Bildungsprozessen gelernt.

F: Was können wir von dem Beispiel Südafrika lernen? Wo liegen nach Ihrer Einschätzung die Unterschiede und die Gemeinsamkeiten, wenn Sie die nördliche mit der südlichen Peripherie vergleichen?

Julius Heinicke: Wir können sehr viel lernen, weil Südafrika schon lange mit Diversität und mit Vielstimmigkeit umgehen muss. Es gibt zum Beispiel in Südafrika einen „Heritage Day", wo es darum geht, dass jeder sich des eigenen kulturellen Erbes bewusst werden kann. Es ist spannend, dass so was auch in den Künsten reflektiert werden kann, da wir darüber verschiedene Zugänge haben. Sie können in einem Theaterstück unterschiedliche Sprachen sprechen, auf verschiedene kulturelle Designs verweisen, auf überzogene Weise kulturelle Stereotypen darstellen und so weiter. Sie können Collagen bauen und eben zeigen, dass eine Nation sich aus dieser Vielfalt zusammensetzen kann. Darüber hinaus mussten afrikanische Kulturen sich immer sehr viel bewegen. Also nicht nur Mobilität im Sinne von Bewegung von einem Land zum anderen, beispielsweise durch Dekolonisierung, sondern auch in den Strukturen beweglich zu bleiben, weil es immer sehr viele Verknüpfungen und Verbünde gab. Es existiert eine sehr große Diaspora der afrikanischen Länder weltweit, die wiederum auch mit dem afrikanischen Kontinent sehr eng in Beziehung steht. Familien sind oft international orientiert, weil Angehörige häufig in anderen Ländern und Kulturen zu Hause sind. Um diese Beweglichkeit nicht als Gefahr zu sehen, sondern als das Potenzial für die globale Welt anzuerkennen, ist diese Tradition sehr hilfreich. Das lässt sich nicht auf alle Länder der südlichen Hemisphäre verallgemeinern, da es große Unterschiede zwischen den einzelnen Ländern gibt.

F: Ausgehend von diesem Lernpotenzial in Südafrika für die nördliche Hemisphäre, würde ich mehr über Organisation und Strukturen dort erfahren wollen. Welche konkreten Formen der Kooperationen zwischen Norden und Süden bieten sich hier an?

Julius Heinicke: Universitäten und Hochschulen, sowohl im Süden als auch im Norden, eignen sich zunächst einmal sehr gut, weil hier traditionellerweise vielfältige Kooperationsmöglichkeiten vorhanden sind – innerhalb der studentischen bzw. in der akademischen Kooperation ist vieles möglich. Die große Herausforderung allerdings die sich gegenwärtig stellt, ist das Horten von Wissen aus Ländern des globalen Südens seitens des globalen Nordens. Diese Erfahrungen erschweren es vielen Partner:innen und Wissenschaftler:innen dem Norden zu vertrauen – dem Norden geht es nicht nur um eine Abschöpfung des vorhandenen Wissens des Südens. Ich glaube, da gibt es eben noch sehr viel zu tun: angefangen vom Projektedesign, über Kooperationsgestaltung bis hin zu einem paradigmatischen Perspektivwechsel. Die Partner:innen des Globalen Südens sind eben nicht nur ein Objekt eines konkreten Projekts, sondern sind stetig das Subjekt – wir alle sind Mitgestalter, es herrscht ein miteinander auch bei Entscheidung und Durchführung.

F: Bezogen auf das Beispiel Deutschland, wie können Kooperationen für kulturelle Bildung für Nachhaltigkeit in den ländlichen Einrichtungen und Institutionen aussehen? Gibt es vielleicht auch politische Maßnahmen, die man umsetzen kann, um eben kulturelle Bildung dort stärker zu verankern?

Julius Heinicke: Entscheidend ist, dass die Bevölkerung vor Ort mit einbezogen wird. Die dort vorhandenen eher ländlichen Strukturen, z.B. Vereine oder auch Verbünde, die oft gar nicht so wahrgenommen werden, weil sie immer schon da sind und funktionieren, sind aktiv in die Vorhaben miteinzugliedern. Die Frage lautet dann: Wie können wir ausgehend von diesen Vereinen, Vereinigungen und Gemeinschaften andere mit involvieren oder aktuelle Themen aufgreifen? Heimatstuben beispielsweise werden sehr unterschätzt. Diese bringen kontinuierlich Wissen hervor, und zwar in einer Art und Weise, dass dieses Wissen Tradition Gegenwart und Zukunft verknüpft. Eben das kann kulturelle Bildung: unterschiedliche Generationen miteinander in Kontakt bringen, unterschiedliche Sprachen sprechen. Es ist ja nicht so, dass die Gemeinschaften im ländlichen Raum immer homogen waren, sondern es gab immer schon Migrationsbewegungen. Die letzte ist noch gar nicht lange her, nur das wird oft, um gewisse Homogenität vorzutäuschen, unterschlagen. Aber wenn Sie sich eine Heimatstube zum Beispiel bewusst anschauen, was hier an unterschiedlichen Kulturen über die Zeit mit eingeflochten wurde, dann ändert dies die Perspektive aller Beteiligten. Gerade ist zum Beispiel im Museum in Hildesheim, im Dommuseum, eine Ausstellung über „Islam in Deutschland“. Dort werden u.a. viele Exponate aus dem Hildesheimer Dom gezeigt, die arabischen Ursprungs sind und arabischen Einfluss haben. Wenn Sie sich das anschauen, „erleben“ Sie, dass sehr viele unserer Wissensformen und Praktiken aus der arabischen Welt hierhin gelangt sind und dann immer mehr in „eigene“ Formen wandeln. Wenn sie diese Perspektive einnehmen, dann merken sie, wie vielschichtig unser kulturelles Erbe auch im ländlichen Raum ist. Umso mehr lässt sich ein großes Potenzial der kulturellen Bildung für eine nachhaltige Regionalentwicklung in der Peripherie vermuten.

Fazit

Die Kulturelle Bildung hat gezeigt, dass sie ein wichtiges Instrument zur Umsetzung der nachhaltigen Entwicklung ist. Besonders in Peripherieräumen und ländlicheren Regionen können kulturelle Bildungsformate gezielt lokale Traditionen fördern und zum zwischenmenschlichen Austausch der Generationen beitragen. Es bedarf jedoch der aktiven Beteiligung der Bevölkerung, um eine nachhaltige Entwicklung erfolgreich implementieren zu können. Kulturelle Bildungsformate liefern hierfür mit ihrem breitgefächerten Angebot einen effizienten Lösungsansatz, der eine große Reichweite generiert und viele Menschen anspricht. Am Beispiel von Südafrika wurde deutlich, dass der Norden von der kulturellen Herangehensweise des Südens noch viel lernen kann. Durch einen verstärken Austausch mit dem Süden, kann das Verständnis für andere Sichtweisen auf beiden Seiten und die damit verbundene nachhaltige Entwicklung weiter gestärkt werden. Damit dieser Prozess jedoch gelingt muss die zukünftige Zusammenarbeit zwischen Norden und Süden auf Augenhöhe stattfinden. Auf diese Art und Weise ist eine nachhaltige Entwicklung auf globaler Ebene umsetzbar, da jeder Einzelne auf dieser Welt von den 17 Nachhaltigkeitszielen betroffen ist.

Literaturverzeichnis

Allert, Heidrun/Martina Ide/Christoph Richter/Christoph Schröder/Sabrina Thiele (2019): DiKuBi-on: soziale Medien als kultureller Bildungsraum, in: *Forschung zur Digitalisierung in der Kulturellen Bildung*, Hrsg. Benjamin Jörissen/ Stephan Kröner/ Lisa Unterberg, S. 63–78, kopaed

Autenrieth, Daniel/Stefan (2020): Kultur der Digitalität = Kultur der Partizipation?: Herausforderungen für Gesellschaft, Schule und Unterricht des 21. Jahrhunderts, in: *Medienimpluse*, Bd. 58, Nr. 4, 32 Seiten, unter: https://doi.org/10.21243/mi-04-20-13. (Zugriff: 03.03.2023)

Berner, Nicole/Frank Lipowsky/Kristin Löwenberger/Caroline Theurer (2020): Wer, wie, was? Wieso, weshalb, warum? Kulturelle Bildung im Jugendalter: Ergebnisse aus dem KuBiJu-Projekt, in: *Kulturelle Bildung*, Hrsg. Jana Costa, Claudia Kühn, Annette Scheunpflug, Susanne Timm, S. 25–43, Waxmann Verlag

Böhme, Hartmut (1996): Vom Cultus zur Kultur(wissenschaft): Zur historischen Semantik des Kulturbegriffs, in: *Kulturwissenschaft – Literaturwissenschaft: Positionen, Themen, Perspektiven,* Hrsg. Glaser, Renate Glaser und Matthias Luserke, Matthias, S. 48–68, Westdeutscher Verlag

Bolwin, Rolg (2008): Theater als Ort kultureller Bildung, in: *Handbuch Kulturelle Bildung*, Hrsg. Hildegard Bockhorst/Vanessa-Isabelle Reinwand/Wolfgang Zacharias, S. 622–627, kopaed

Bongard, Stephan/Jasmin Chantah/Emily Frankenberg/Gunter Kreutz/Stefana Lupu/Ingo Roden (2020): Effekte musikalischer Aktivität auf Selbstberichte psychischer Gesundheit und Akkulturation von geflüchteten jungen Männern, in: *Kulturelle Bildung*, Hrsg. Jana Costa, Claudia Kühn, Annette Scheunpflug, Susanne Timm, S. 279–295, Waxmann Verlag

Braun, Tom/Brigitte Schorn (2008): Ästhetisch-kulturelles Lernen und kulturpädagogische Bildungspraxis, in: *Handbuch Kulturelle Bildung*, Hrsg. Hildegard Bockhorst/Vanessa-Isabelle Reinwand/Wolfgang Zacharias, S. 128–134, kopaed

Breitmoser, Doris (2008): (Kinder- und Jugend-) Literatur und kulturelle Bildung, in: *Handbuch Kulturelle Bildung*, Hrsg. Hildegard Bockhorst/Vanessa-Isabelle Reinwand/Wolfgang Zacharias, S. 36–40, kopaed

Bundeszentrale für politische Bildung (2009): *Was ist kulturelle Bildung?*, unter: https://www.bpb.de/lernen/kulturelle-bildung/59910/was-ist-kulturelle-bildung/ (Zugriff: 03.03.2023)

Deutsche UNESCO Kommission e.V. (o. J.): *Kulturelle Bildung: Kulturelle Vielfalt*, unter: https://www.unesco.de/node/822#:~:text=UNESCO%2DWeltkonferenzen%20zu%20kultureller%20Bildung,und%20Forschen%20neu%20zu%20bewerten. (Zugriff: 03.03.2023)

Deutscher Bühnenverein (2022): Theaterstatistik Summentabellen 2019/20, unter: https://www.buehnenverein.de/de/publikationen-und-statistiken/statistiken/theaterstatistik.html (Zugriff: 03.03.2023)

Dietrich, Cornelie (2008): Ästhetische Erziehung, in: *Handbuch Kulturelle Bildung*, Hrsg. Hildegard Bockhorst/Vanessa-Isabelle Reinwand/Wolfgang Zacharias, S. 121–127, kopaed

Dollinger, Bernd/Georg Hörmann/Jürgen Raithel (2009): *Einführung Pädagogik*, 3. Auflage, VS Verlag für Sozialwissenschaften

Eagleton, Terry (2016): *Culture*, Yale University Press

Fernández, Susana Ruiz/Peter Gerjets/Aiste Jusyte/Lydia Kastner/Sven Nommensen/Nora Umbach (2020): Kulturelle Bildung im Kunstmuseum evidenzbasiert gestalten: Entwicklung und Evaluation (digitaler) Kunstkurse zur Förderung sozial-emotionaler Fähigkeiten von Jugendlichen, in: *Kulturelle Bildung*, Hrsg. Jana Costa, Claudia Kühn, Annette Scheunpflug, Susanne Timm, S. 231–246, Waxmann Verlag.

Fleischle-Braun, Claudia (2008): Tanz und kulturelle Bildung, in: *Handbuch Kulturelle Bildung*, Hrsg. Hildegard Bockhorst/Vanessa-Isabelle Reinwand/Wolfgang Zacharias, S. 582–588, kopaed

Fuchs, Max (2008): Kulturbegriffe, Kultur der Moderne, kultureller Wandel, in: *Handbuch Kulturelle Bildung*, Hrsg. Hildegard Bockhorst/Vanessa-Isabelle Reinwand/Wolfgang Zacharias, S. 63–67, kopaed

Gebauer, Anja/Annette Hartmann (2021): #wirwarenhier Kreative Inszenierungen im analog-digitalen Raum, in: *Transdisziplinäre Begegnungen zwischen postdigitaler Kunst und Kultureller Bildung*, Hrsg. Judith Ackermann/Benjamin Egger, S. 269–282, Springer VS

Geuen, Hein (2018): Zentrale disziplinübergreifende Begriffe in der Musikpädagogik, in: *Handbuch Musikpädagogik*, 1. Auflage, Hrsg. Michael Dartsch/Jens Knigge/Anne Niessen/Friedrich Platz/Christine Stöger, S. 18–24, utb Verlag

Goldstein, Tahlia R./Stéphan Vincent-Lancrin/Ellen Winner (2013): *Kunst um der Kunst willen? Ein Überblick*, OECD Publishing, unter: https://www.oecd.org/education/ceri/ART%20FOR%20ART%E2%80%99S%20SAKE%20OVERVIEW_DE_R4.pdf (Zugriff: 03.03.2023)

Herbold, Kathrin/Kirschenmann, Johannes (2008): Bild- und Kunstvermittlung, in: *Handbuch Kulturelle Bildung*, Hrsg. Hildegard Bockhorst/Vanessa-Isabelle Reinwand/Wolfgang Zacharias, S. 432–436, kopaed

Höppner, Christian (2008): Musik und kulturelle Bildung, in: *Handbuch Kulturelle Bildung*, Hrsg. Hildegard Bockhorst/Vanessa-Isabelle Reinwand/Wolfgang Zacharias, S. 546–552, kopaed

Horlacher, Rebekka (2011): *Bildung*, 1. Auflage, Haupt Verlag

Institut für Museumsforschung – Staatliche Museen zu Berlin (2022): *Ausgerechnet: Museen 2020*, Hrsg. Kathrin Grot und Patricia Rahemipour, unter: https://www.smb.museum/fileadmin/website/Institute/Institut_fuer_Museumsforschung/Publikationen/Materialien/Sonderhefte/mat-Sonderheft_8_Museumsstatistik-2020.pdf (Zugriff: 03.03.2023)

Jörissen, Benjamin/Lisa Unterberg (2019): DIKuBi-Meta [TP1]: Digitalität und Kulturelle Bildung, in: *Forschung zur Digitalisierung in der Kulturellen Bildung*, Hrsg. Benjamin Jörissen/Stephan Kröner/Lisa Unterberg, S. 7–24, kopaed

Klein, Gabriele (2008): Choreografien des Alltags. Bewegung und Tanz im Kontext der kulturellen Bildung, in: *Handbuch Kulturelle Bildung*, Hrsg. Hildegard Bockhorst/Vanessa-Isabelle Reinwand/Wolfgang Zacharias, S. 608–613, kopaed

Kühn, Claudia (2022): *Zur Bedeutung ästhetischer Praxis in Biografien: Eine rekonstruktive Studie zu handlungsleitenden Orientierungen der Performanz*, Springer VS

Kunz-Ott, Hannelore (2008): Museum und Kulturelle Bildung, in: *Handbuch Kulturelle Bildung*, Hrsg. Hildegard Bockhorst/Vanessa-Isabelle Reinwand/Wolfgang Zacharias, S. 648–653, kopaed

Lewalter, Doris/Annette Noschka-Roos (2008): Museum und formale Bildungsinstitutionen, in: *Handbuch Kulturelle Bildung*, Hrsg. Hildegard Bockhorst/Vanessa-Isabelle Reinwand/Wolfgang Zacharias, S. 665–668, kopaed

Moebius, Stephan/Karl-Siegbert Rehberg (2020): Kultur, in: in: *Lehrbuch der Soziologie*, 4. Auflage, Hrsg. Hans Joas und Steffen Mau, S. 133–170, Campus Verlag

Ort, Claus-Michael (2008): Kulturbegriffe und Kulturtheorien, in: *Einführung in die Kulturwissenschaft*, Hrsg. Ansgar Nünning und Vera Nünning, S. 19–38, J.B. Metzler Verlag.

Pannes, Matthias (2008): Musizieren ist Sprache der Pädagogik – Ein Weg zur Musik durch die Musikschule, in: *Handbuch Kulturelle Bildung*, Hrsg. Hildegard Bockhorst/Vanessa-Isabelle Reinwand/Wolfgang Zacharias, S. 565–571, kopaed

Paris, Scott G./Kirsten M. Yambor/Becky Wai-Ling Packard (1998): Hands-On Biology: A Museum-School-University Partnership for Enhancing Students' Interest and Learning in Science, in: *The Elementary School Journal*, Vol. 98 (No. 3), S. 267–288, unter: https://www.jstor.org/stable/1002260

Peez, Georg (2008): Kunstpädagogik, in: *Handbuch Kulturelle Bildung*, Hrsg. Hildegard Bockhorst/Vanessa-Isabelle Reinwand/Wolfgang Zacharias, S. 437–442, kopaed

Radermacher, Norbert (2008): Kulturelle Bildung im Mehrgenerationenmodell Amateurtheater, in: *Handbuch Kulturelle Bildung*, Hrsg. Hildegard Bockhorst/Vanessa-Isabelle Reinwand/Wolfgang Zacharias, S. 637–640, kopaed

Rat für kulturelle Bildung e.V. (2017): Wenn. Dann. Befunde zu den Wirkungen kultureller Bildung, unter: https://www.stiftung-mercator.de/de/publikationen/neue-belege-fuer-positive-wirkungen-kultureller-bildung/ (Zugriff: 03.03.2023)

Reinwand-Weiss, Vanessa-Isabelle (2019): Kulturelle Bildung und Digitalisierung – zwei Gegensätze?, kubi-online, unter: https://www.kubi-online.de/artikel/kulturelle-bildung-digitalisierung-zwei-gegensaetze (Zugriff: 03.03.2023)

Reinwald, Vanessa-Isabelle (2008): Künstlerische Bildung – Ästhetische Bildung – Kulturelle Bildung, in: *Handbuch Kulturelle Bildung*, Hrsg. Hildegard Bockhorst/Vanessa-Isabelle Reinwand/Wolfgang Zacharias, S. 108–114, kopaed

Statistisches Bundesamt (Destatis) (2020): *Bildung in Deutschland 2020*, unter: https://www.destatis.de/DE/Themen/Gesellschaft-Umwelt/Bildung-Forschung-Kultur/Bildungsstand/Publikationen/Downloads-Bildungsstand/bildung-deutschland-5210001209004.pdf?__blob=publicationFile (Zugriff: 03.03.2023)

Taube, Gerd (2008): Theater und kulturelle Bildung, in: *Handbuch Kulturelle Bildung*, Hrsg. Hildegard Bockhorst/Vanessa-Isabelle Reinwand/Wolfgang Zacharias, S. 616–621, kopaed

UNESCO (o. J. a): *Erklärung von Mexiko-City über Kulturpolitik: Weltkonferenz über Kulturpolitik*, unter: https://www.unesco.de/sites/default/files/2018-03/1982_Erkl%C3%A4rung_von_Mexiko.pdf (Zugriff: 03.03.2023)

UNESCO (o. J. b): *Museums: Questions & Answers*, unter: https://en.unesco.org/sites/default/files/info_sheet_museums.pdf (Zugriff: 03.03.2023)

Vereinte Nationen (2019): Allgemeine Erklärung der Menschenrechte, unter: https://unric.org/de/allgemeine-erklaerung-menschenrechte/ (Zugriff: 03.03.2023)

FSC
www.fsc.org
MIX
Papier | Fördert gute Waldnutzung
FSC® C083411

Kolibri 360 GmbH
Ferdinand-Jühlke-Straße 7
99095 Erfurt, Deutschland
produktsicherheit@kolibri360.de